【象棋谱丛书】

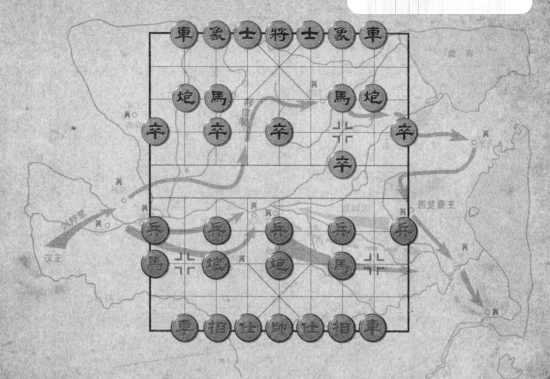

五七炮直车对屏风马7卒

黄少龙 段雅丽 杜彬 编

经济管理出版社·棋书中心

总　序

　　具有初、中级水平的棋友，如何提高棋力？这是大家关心的问题。

　　一是观摩象棋大师实战对局，细心观察大师在开局阶段怎样舒展子力、部署阵型，争夺先手；在中局阶段怎样进攻防御，谋子取势、攻杀入局；在残局阶段怎样运子，决战决胜，或者巧妙求和。从大师对局中汲取精华，为我所用。

　　二是把大师对局按照开局阵式分类罗列，比较不同阵式的特点、利弊及对中局以至残局的影响，从中领悟开局的规律及其对全盘棋的重要性。由于这些对局是大师们经过研究的作品，所以对我们有很实用的价值，是学习的捷径。

　　本丛书就是为满足广大棋友的需要，按上述思路编写的。全套丛书以开局分类共51册，每册一种开局阵式。读者可以选择先学某册开局，并在自己对弈实践中体会有关变化，对照大师对局的弈法找出优劣关键，就会提高开局功力，然后选择另一册，照此办理。这样一册一册学下去，掌握越来越多的开局知识，你的开局水平定会大为提高，赢棋就多起来。

　　本丛书以宏大的气魄，把象棋开局及其后续变化的巨大篇幅展示在读者面前，是棋谱出版的创举，也是广大棋友研究象棋的好教材，相信必将得到棋友们的喜爱。

黄少龙

2013. 11. 6

前 言

这是近年来发展的新布局,双方攻守变化较多,为现代棋手所乐用。

最早采用黑右炮巡河应法,红右车过河左车巡河,攻势稳健有力,黑不容易找到反击的机会,所以逐渐淡出。

以后黑方流行右炮过河封车,红右车巡河挺边兵,准备出马困炮,黑左车移右维持封锁态势,红一方面挺三兵兑卒,从右翼展开攻势,另一方面提左车强行出动,造成对攻局面。这种下法能保持红方先手地位,黑无便宜。

近年黑方发展了左炮过河封车变例,则红左车过河吃卒压马,形成互攻一翼的局面,各有利弊,形势复杂多变,为现代棋手所喜爱。

当然,还有红挺七兵,黑左炮巡河的局法,但比较简单,变化空间不大。

目　录

第一章　右车过河

第1局　王家元胜霍英伟

1. 炮二平五　马8进7
2. 马二进三　车9平8
3. 车一平二　马2进3
4. 马八进九　卒7进1
5. 炮八平七　车1平2
6. 车九平八　炮2进2
7. 车二进六　马7进6
8. 车八进四　象3进5
9. 炮七进四　士4进5
10. 车八平四！卒5进1?（图1）
11. 车二平四　炮8平9
12. 兵七进一　卒7进1
13. 兵三进一　马6进8
14. 炮五进三　将5平4
15. 前车进三！将4进1
16. 后车平六！士5进4
17. 车四平八　马3退2
18. 炮七平六（图2）

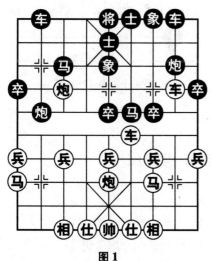

图1

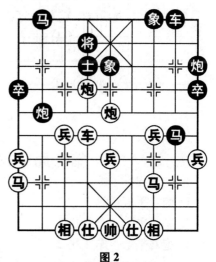

图2

第2局 徐天红负郑一泓

1. 炮二平五 马8进7	2. 马二进三 车9平8
3. 车一平二 马2进3	4. 马八进九 卒7进1
5. 炮八平七 车1平2	6. 车九平八 炮2进2
7. 车二进六 马7进6	8. 车八进四 象3进5
9. 炮七进四 卒7进1	10. 车二平四 马6进7
11. 炮五退一 车2进3（图3）	12. 车四平二 车2平3
13. 车八进一 车3平4	14. 车八退一? 车4进4!
15. 车八平三 车4平7	16. 炮五平二 马3进4
17. 炮二进六 马4进5!	18. 车三进二 马5进6
19. 帅五进一 车7平2!（图4）	

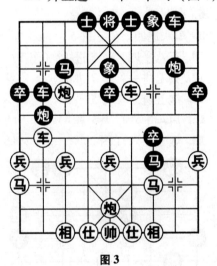

图3

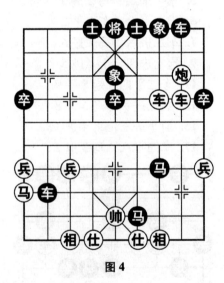

图4

第3局 赵国荣胜胡荣华

1. 炮二平五 马8进7	2. 马二进三 车9平8
3. 车一平二 马2进3	4. 马八进九 卒7进1
5. 炮八平七 车1平2	6. 车九平八 炮2进2
7. 车二进六 马7进6	8. 车八进四 象3进5
9. 车二平四 马6进7	10. 车四平二 马7退6

11. 兵九进一　士4进5　　　　12. 炮七进四　卒5进1
13. 兵七进一　卒7进1（图5）　14. 车二平四　马6进7
15. 兵七进一！马7进5？　　　16. 相七进五　象5进3
17. 马九进七　炮2退1？　　　18. 炮七平九！马3进1
19. 车四平八　车2平4　　　　20. 后车平三（图6）

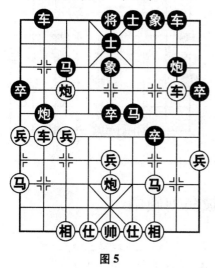

图5

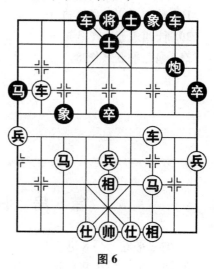

图6

第4局　刘殿中胜黄有义

1. 炮二平五　马8进7
2. 马二进三　马2进3
3. 车一平二　车9平8
4. 马八进九　卒7进1
5. 炮八平七　炮2进2
6. 车二进六　马7进6
7. 车九平八　车1平2
8. 车八进四　象3进5
9. 兵九进一　卒3进1
10. 车二退二　卒7进1
11. 车二平三　炮8平7
12. 兵七进一　卒3进1
13. 车八平七　马3进4

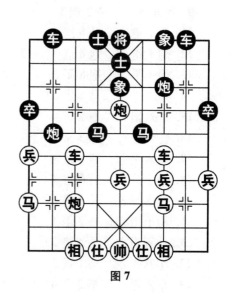

图7

14. 炮五进四　士6进5（图7）
15. 车七进一!　炮2进3?
16. 车七平六　炮2平7
17. 车三平八!　车2平3
18. 车六平四　前炮平1
19. 车八平四!　象7进9
20. 仕四进五　车3进3
21. 炮七平五（图8）

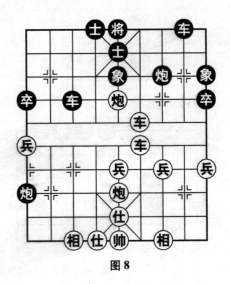

图8

第5局　卜凤波负刘殿中

1. 炮二平五　马8进7
2. 马二进三　马2进3
3. 车一平二　车9平8
4. 马八进九　卒7进1
5. 炮八平七　炮2进2
6. 车二进六　马7进6
7. 车九平八　车1平2
8. 车八进四　象3进5
9. 兵九进一　卒3进1
10. 车二平四　士4进5
11. 兵七进一?　马6进4
12. 炮七退一　炮8进3!（图9）
13. 炮七平二　炮8平3
14. 炮二平六　马4进3!
15. 车八退二　炮3进4
16. 仕六进五　炮3平1
17. 炮六平七　卒3进1
18. 炮七进三　后马进4
19. 车四平五　马3进2
20. 炮七退四　马2退1
21. 仕五退六　马4进2
22. 车八平六　马1进3
23. 车六退一　车2平4!（图10）

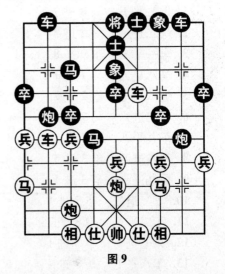

图9

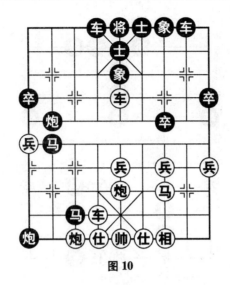

图 10

第6局　吴贵临负陶汉明

1. 炮二平五　马8进7
2. 马二进三　车9平8
3. 车一平二　马2进3
4. 马八进九　卒7进1
5. 炮八平七　车1平2
6. 车九平八　炮2进2
7. 车二进六　马7进6
8. 车八进四　象3进5
9. 炮七进四　卒7进1
10. 车二平四　马6进7（图11）
11. 炮五退一　车2进3
12. 车四平三　炮8进6!
13. 车三退二　炮8平7!
14. 兵七进一　车2平3
15. 车八进一　车3平4
16. 车八平四　士4进5
17. 炮五平七　马3进4
18. 车四退二　马4进2
19. 仕四进五　车4进5
20. 马九进七?　马2进3
21. 马七退五　车8进9!
22. 马五退三　车8平7
23. 仕五退四　将5平4!

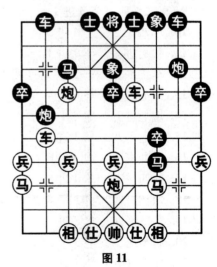

图 11

24. 仕六进五　车 4 平 3 （图 12）

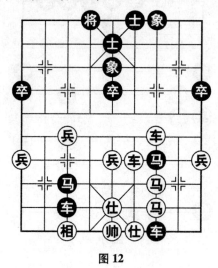

图 12

第7局　卜凤波负胡荣华

1. 炮二平五　马 8 进 7		**2.** 马二进三　车 9 平 8
3. 车一平二　马 2 进 3		**4.** 马八进九　卒 7 进 1
5. 炮八平七　车 1 平 2		**6.** 车九平八　炮 2 进 2
7. 车二进六　马 7 进 6		**8.** 车八进四　象 3 进 5

9. 车二平四　卒 3 进 1

10. 车八平二　士 4 进 5

11. 兵七进一　卒 7 进 1

12. 车二平三　车 2 平 4！（图 13）

13. 兵七进一　马 6 进 4

14. 炮七进五？炮 8 平 3

15. 兵七平八　马 4 进 3

16. 马九退七　炮 3 进 6

17. 仕四进五　车 4 进 8

18. 炮五进四　将 5 平 4

19. 车三平四　车 8 进 7

20. 后车退二　炮 3 平 5！

21. 仕六进五　马 3 进 5！

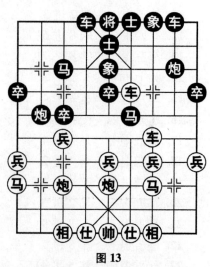

图 13

| 22. 炮五平六 马5退7 | 23. 炮六退四 车8进1 |
| 24. 后车平五 车8平7 | 25. 相三进一 车7平8！（图14） |

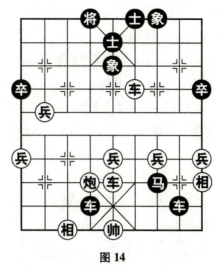

图 14

第8局 韩伦负陈建国

1. 炮二平五 马8进7	2. 马二进三 车9平8
3. 车一平二 马2进3	4. 马八进九 卒7进1
5. 炮八平七 车1平2	6. 车九平八 炮2进2

7. 车二进六 马7进6

8. 车八进四 象3进5

9. 兵九进一 士4进5

10. 炮七进四 卒7进1

11. 车二平四 炮8进3

12. 车八平三 车8进4

13. 车三平四 马6退8（图15）

14. 炮五进四？ 马3进5

15. 前车平五 马8退6

16. 车五平四 炮8进3！

17. 兵五进一 车8进3

18. 炮七平五 车2进3

19. 马三进五 炮2平7！

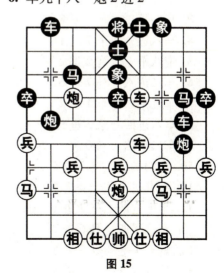

图 15

20. 相三进五　炮8进1　　**21.** 仕四进五　炮8平9
22. 帅五平四　车8进2　　**23.** 帅四进一　车8退1
24. 帅四进一　炮7平4!　　**25.** 炮五平一　炮4进4
26. 仕五退四　车2进5（图16）

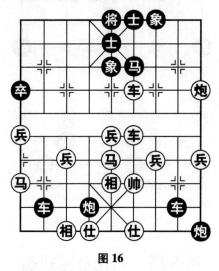

图16

第9局　陶汉明胜许波

1. 炮二平五　马8进7　　**2.** 马二进三　马2进3
3. 车一平二　车9平8
4. 马八进九　卒7进1
5. 炮八平七　炮2进2
6. 车二进六　马7进6
7. 车九平八　车1平2
8. 车八进四　象3进5
9. 车二平四　马6进7
10. 车四平二　马7退6
11. 兵九进一　士4进5
12. 炮七进四　卒7进1（图17）
13. 车二平四　马6进7
14. 炮五平七　炮2平5
15. 仕六进五　车2进5

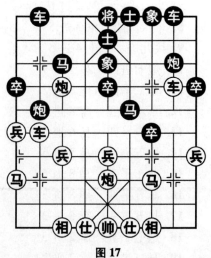

图17

16. 马九进八　炮8进5
17. 相七进五　马7进5
18. 相三进五　炮8平5
19. 帅五平六　卒7进1
20. 车四退二！卒7进1
21. 马八进六　马3退2
22. 车四平六　马2进1
23. 马六进八　车8进4
24. 前炮平九！后炮平3
25. 炮七平九　炮3退4？
26. 马八进七！（图18）

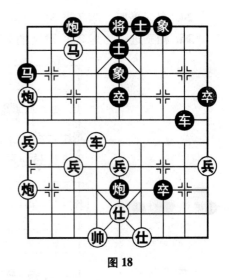

图 18

第 10 局　徐天红负吕钦

1. 炮二平五　马8进7
2. 马二进三　车9平8
3. 车一平二　马2进3
4. 马八进九　卒7进1
5. 炮八平七　炮2进2
6. 车二进六　马7进6
7. 车九平八　车1平2
8. 车八进四　象3进5
9. 车二平四　马6进7
10. 车四平二　马7退6
11. 车八平四　卒3进1
12. 车二退五　士4进5（图19）
13. 兵七进一　卒7进1！
14. 车四平三　马3进4
15. 兵七进一　马4进5
16. 马三进五　马6进5
17. 炮七平八　马5退7
18. 炮八进七　炮2进2
19. 马九进七　炮8进4
20. 炮五平九　车8进4
21. 炮九进四？士5进4
22. 车二平三　车8平7
23. 马七进六　马7进6

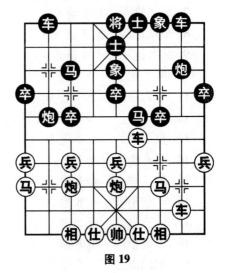

图 19

24. 车三平四　车7平5!　　　**25.** 仕四进五　炮8进3

26. 相三进一　炮2平7!（图20）

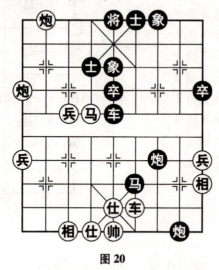

图 20

第 11 局　　杨官璘胜何顺安

1. 炮二平五　马8进7　　　**2.** 马二进三　车9平8

3. 车一平二　马2进3　　　**4.** 马八进九　卒7进1

5. 炮八平七　车1平2　　　**6.** 车九平八　炮2进2

7. 车二进六　马7进6

8. 车八进四　象3进5

9. 兵九进一　士4进5

10. 车二退二　卒3进1

11. 仕六进五　卒7进1

12. 车二平三　马3进4（图21）

13. 炮七平八!　卒3进1

14. 车八平七　车2平4

15. 炮八进一!　炮8进5

16. 车三平五　车8进3

17. 仕五退六　卒5进1

18. 车五平四　炮8退2

19. 车四退三　卒5进1

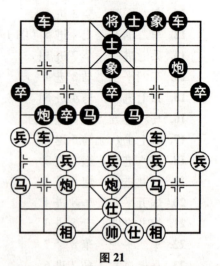

图 21

20. 车七平五　炮 2 平 3
21. 仕六进五　车 8 平 2
22. 马九进八　炮 8 平 2?
23. 炮八进三　炮 2 进 4
24. 相七进九　马 4 进 3
25. 车五平七　马 6 进 7
26. 车七退一　马 7 进 5
27. 车七进二!　象 5 进 3
28. 炮八平五!（图 22）

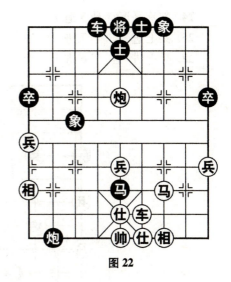

图 22

第 12 局　崔岩负卜凤波

1. 炮二平五　马 2 进 3　　　2. 马二进三　马 8 进 7
3. 车一平二　车 9 平 8　　　4. 马八进九　卒 7 进 1
5. 炮八平七　车 1 平 2　　　6. 车九平八　炮 2 进 2
7. 车二进六　马 7 进 6　　　8. 车八进四　象 3 进 5
9. 兵九进一　卒 3 进 1　　　10. 车二退三　士 4 进 5
11. 炮七退一　马 6 进 7
12. 炮五平七　车 2 平 4
13. 仕六进五　车 4 进 8
14. 车二平三　炮 8 平 7（图 23）
15. 车三平四　炮 7 进 5
16. 车四退一　炮 7 退 2
17. 相三进五　卒 3 进 1!
18. 车八平七　炮 2 进 3!
19. 相五进三?　炮 2 平 6
20. 仕五进四　马 3 进 4
21. 车七平五　车 8 进 6
22. 车五进二　车 8 平 5
23. 车五退三　马 4 进 5

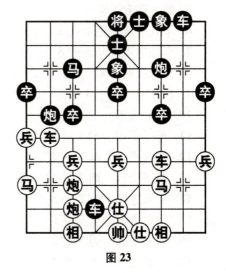

图 23

24. 前炮平五　马5退7	25. 仕四进五　马7进9
26. 兵七进一　卒7进1	27. 兵七进一　卒7平6
28. 兵七进一　卒6进1	29. 炮七进二　马9退7！（图24）

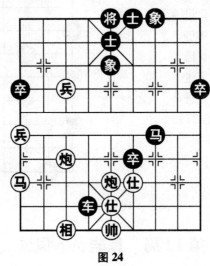

图 24

第 13 局　庄永熙负孙树成

1. 炮二平五　马2进3	2. 马二进三　马8进7
3. 车一平二　车9平8	4. 马八进九　卒7进1
5. 炮八平七　车1平2	
6. 车九平八　炮2进2	
7. 车二进六　马7进6	
8. 车八进四　象3进5	
9. 兵九进一　士4进5	
10. 炮七进四　卒7进1	
11. 车二平四　炮8进3	
12. 车八平三　车8进4	
13. 车三平八　炮8平4！（图25）	
14. 炮五进四　炮2平5	
15. 相七进五　车2进5	
16. 马九进八　炮4退2	
17. 车四进二　炮5平2	

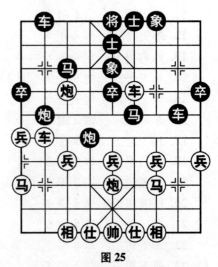

图 25

18. 炮五退二 马6进4
19. 炮七平八 马3进4
20. 炮八进三 前马进2!
21. 炮五平七 炮4平3
22. 仕四进五 车8进2
23. 帅五平四 车8平7
24. 炮七平五 炮3平6
25. 炮五平七 象5进3!
26. 炮七平五 象3退5
27. 炮五平七 象5进3
28. 炮七平五 象3退5
29. 马八退六? 炮2退3!
30. 车四退一 炮2平4（图26）

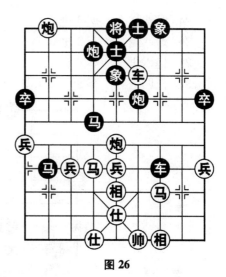

图26

第14局　孙志伟负刘殿中

1. 炮二平五 马8进7
2. 马二进三 卒7进1
3. 马八进九 车9平8
4. 炮八平七 马2进3
5. 车九平八 车1平2
6. 车一平二 炮2进2
7. 车二进六 马7进6
8. 车八进四 象3进5
9. 兵九进一 卒3进1
10. 车二退二 士6进5
11. 炮七退一 卒7进1
12. 车二平三 炮8进5（图27）
13. 兵七进一 卒3进1
14. 车八平七 马3进4
15. 炮七平八 车2平1!
16. 车三平五 炮2进3!
17. 炮五退一 车8进6
18. 马九进八 车8平7
19. 车五平三 车1平3!
20. 车七平四 马4进6
21. 车三退一 前马进5
22. 车三进一 马5进3
23. 炮五平六 炮2平3!

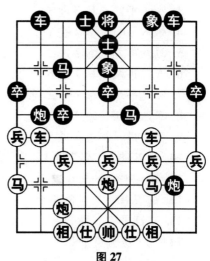

图27

24. 马八进六　炮 3 进 2　　25. 仕六进五　马 3 退 2
26. 炮八退一　车 3 进 8　　27. 帅五平六　马 6 进 4
28. 炮六进二　炮 8 进 1　　29. 仕五进六　车 3 退 1
30. 仕四进五　车 3 平 2 （图 28）

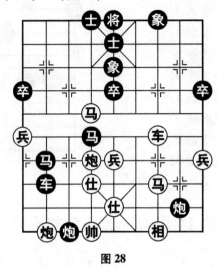

图 28

第 15 局　袁天成负杨官璘

1. 炮二平五　马 8 进 7　　2. 马二进三　车 9 平 8
3. 车一平二　马 2 进 3
4. 炮八平七　卒 7 进 1
5. 马八进九　炮 2 进 2
6. 车二进六　马 7 进 6
7. 车九平八　车 1 平 2
8. 车八进四　象 3 进 5
9. 兵九进一　士 4 进 5
10. 兵五进一？卒 7 进 1 （图 29）
11. 车二平四　马 6 进 7
12. 炮五退一　炮 8 进 3！
13. 车四平三　马 7 退 5！
14. 马三进五　炮 2 平 7！
15. 相七进五　车 2 进 5

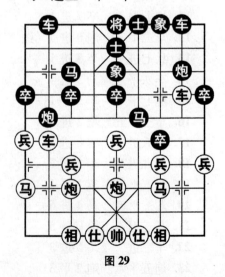

图 29

16. 马九进八　马5进7
17. 马八进六　马7进5！
18. 车三退一　马5进7
19. 马五退四　象5进7
20. 炮五平三　炮8平1
21. 炮三进四　马3退2
22. 马六进四　士5进6
23. 后马进五　卒7平6
24. 马五进六　卒6进1
25. 炮七进四　车8进7
26. 马四退三　车8退3
27. 炮七退一　炮1退1
28. 炮三平五　卒5进1
29. 马三进四　车8退1

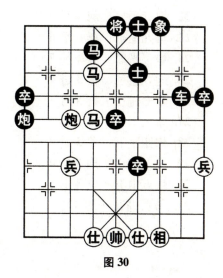

图30

30. 马四进六　马2进4（图30）

第16局　胡荣华胜惠颂祥

1. 炮二平五　马8进7
2. 马二进三　马2进3
3. 车一平二　车9平8
4. 马八进九　卒7进1
5. 炮八平七　车1平2
6. 车九平八　炮2进2
7. 车二进六　马7进6
8. 车八进四　象3进5
9. 兵九进一　士4进5
10. 车二退二　卒3进1
11. 兵七进一　卒3进1
12. 车二平七　马3进4（图31）
13. 车八退一　炮8平7
14. 炮五进四！马4退3
15. 炮七进五　炮2平5
16. 相七进五　车2进6
17. 炮七平三　炮5平4
18. 炮三退一　马6进5
19. 马三进五　车2平5
20. 车七进二　车8进8
21. 仕六进五　车8平6

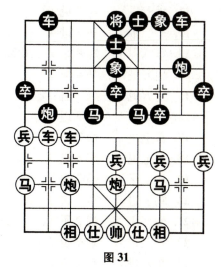

图31

22. 炮五平九！ 炮4平5
23. 马九退七！ 车5平6
24. 炮三平四 后车平7
25. 炮九进三 士5进4
26. 车七进三 将5进1
27. 车七退一 将5退1
28. 炮四平五 象5进3
29. 马七进六！ 炮5进4
30. 炮五退五 象3退5
31. 马六进五（图32）

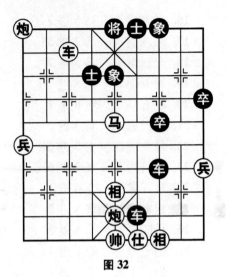

图 32

第17局　王嘉良胜蔡福如

1. 炮二平五 马8进7　　　2. 马二进三 车9平8
3. 车一平二 马2进3　　　4. 马八进九 卒7进1
5. 炮八平七 车1平2　　　6. 车九平八 炮2进2
7. 车二进六 马7进6　　　8. 车八进四 象3进5
9. 兵九进一 士4进5　　　10. 车二退二 卒3进1
11. 兵七进一 卒3进1
12. 车二平七 马3进4
13. 车八退一 炮8平7（图33）
14. 炮五进四！马4退3
15. 炮五退一！炮7平3
16. 马九进七 马3退4
17. 车七进二 炮7平3
18. 车七退三 车8进3
19. 炮七平八 炮2退1
20. 马三进四 车2进1
21. 炮八平九 炮2平7
22. 相三进五 炮7退2
23. 车八进五 马4进2

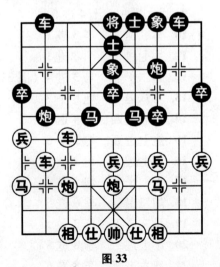

图 33

24. 车七进六 马2退4
25. 车七平九！ 车8平5
26. 马四退六 马6进5？
27. 炮九平六 马5进7
28. 炮六进七！ 士5退4
29. 马六进七！ 车5进1
30. 马七进六 炮7平4
31. 马六退五（图34）

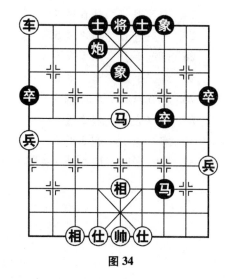

图34

第18局　陈德泰负徐天红

1. 炮二平五 马8进7
2. 马二进三 车9平8
3. 车一平二 马2进3
4. 马八进九 卒7进1
5. 炮八平七 车1平2
6. 车九平八 炮2进2
7. 车二进六 马7进6
8. 车八进四 象3进5
9. 车二退二 士4进5
10. 兵九进一 马6进7
11. 车二进二 马7退6
12. 车八平四 卒3进1（图35）
13. 车二退三 车2平4
14. 兵七进一 卒7进1
15. 车四平三 炮2退1！
16. 车三平四 马6退8
17. 车二平三 马3进4
18. 车四平五 马8进6
19. 车三平二 炮2进3
20. 车二退一 卒3进1
21. 车五平七 炮8进4
22. 炮七平六 车4平2
23. 炮五进四？ 车8进3

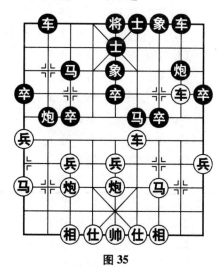

图35

24. 炮五退一　马6进5！

25. 马三进五　马4进5

26. 车七平五　马5进6

27. 车二平四　车8平6！

28. 车五退二　车2进3

29. 仕六进五　炮2进1！

30. 炮六退一　炮2平6

31. 炮六平四　炮6平1（图36）

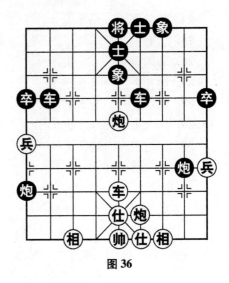

图 36

第 19 局　胡荣华胜赵国荣

1. 炮二平五　马8进7	2. 马二进三　车9平8
3. 车一平二　马2进3	4. 马八进九　卒7进1
5. 炮八平七　车1平2	6. 车九平八　炮2进2
7. 车二进六　马7进6	8. 车八进四　象3进5
9. 车二退二　卒3进1	10. 兵七进一　卒3进1

11. 车二平七　马3进4

12. 炮五进四　士6进5（图37）

13. 车七进一！马6进5

14. 马三进五　马4进5

15. 车七平八　车2平3

16. 炮七退一　车3进3？

17. 前车进一　车3进1

18. 仕六进五　炮8平7

19. 后车进一　车3进3

20. 后车平三　炮7平6

21. 车三进三！车3退7

22. 马九进七！车3平1

23. 车三平四　炮6平7

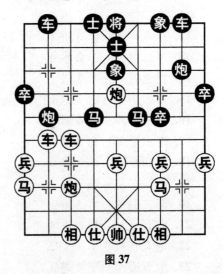

图 37

24. 相七进五　车 8 进 3
25. 马七进五　车 1 平 3
26. 马五进七！车 3 平 1
27. 车四平三　将 5 平 6
28. 车三退一　象 5 进 3
29. 车三进二　将 6 进 1
30. 炮五平七！士 5 进 6
31. 车三退一　将 6 退 1
32. 前炮进三（图 38）

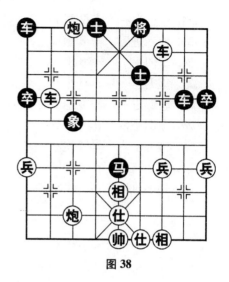

图 38

第 20 局　石刚胜陈琪

1. 炮二平五　马 8 进 7
3. 车一平二　马 2 进 3
5. 炮八平七　车 1 平 2
7. 车二进六　马 7 进 6
9. 兵九进一　士 4 进 5
11. 兵七进一　卒 7 进 1
12. 车二平三　卒 3 进 1（图 39）
13. 车三平七　马 3 进 4
14. 车八退一　炮 8 平 7？
15. 炮五进四！车 8 进 3
16. 车八进二　车 2 平 4
17. 车七平五！炮 7 进 5
18. 炮七进四　车 8 进 5
19. 车八退三　车 8 平 7
20. 相三进一　马 6 进 7
21. 车五平六　炮 7 平 1
22. 相七进九　马 7 进 6
23. 车八平四！车 4 进 3

2. 马二进三　车 9 平 8
4. 马八进九　卒 7 进 1
6. 车九平八　炮 2 进 2
8. 车八进四　象 3 进 5
10. 车二退二　卒 3 进 1

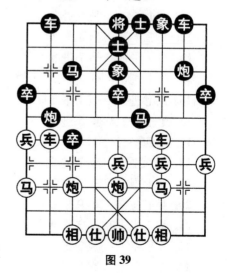

图 39

24. 炮五退一　车 7 平 8
25. 仕六进五　车 8 退 2
26. 车四退一　车 8 平 5
27. 炮七退一!　车 5 平 9
28. 车四进一　车 4 退 3
29. 车四平六　车 9 平 5
30. 帅五平六　马 4 退 3
31. 前车进五　马 3 退 4
32. 炮七进四!（图 40）

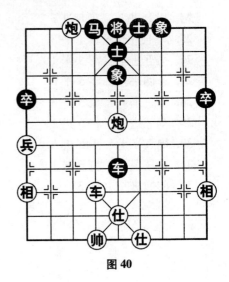

图 40

第 21 局　李来群胜赵国荣

1. 炮二平五　马 8 进 7
2. 马二进三　车 9 平 8
3. 车一平二　马 2 进 3
4. 马八进九　卒 7 进 1
5. 炮八平七　炮 2 进 2
6. 车二进六　马 7 进 6
7. 车九平八　车 1 平 2
8. 车八进四　象 3 进 5
9. 兵九进一　卒 3 进 1
10. 车二退三　士 4 进 5
11. 炮七退一　马 6 进 7
12. 车二平三　炮 8 平 7
13. 车三平四　炮 7 进 5
14. 兵七进一　炮 7 平 1?（图 41）
15. 兵七进一　炮 1 平 3
16. 炮七平三!　象 5 进 3
17. 车四平二　车 8 平 9
18. 车八平七　象 7 进 5
19. 车七退二　车 9 进 2
20. 兵五进一　车 9 平 6
21. 炮三平七!　车 2 平 4
22. 车七平八　象 3 退 1
23. 车二平七　炮 2 平 3

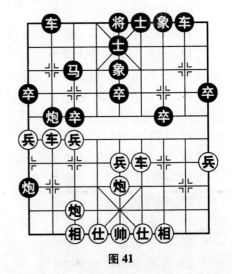

图 41

24. 兵五进一! 炮 3 进 4
25. 车七进四! 象 1 进 3
26. 车八平七 炮 3 平 8
27. 兵五进一 炮 8 退 6
28. 后车进三 卒 7 进 1
29. 兵五进一 炮 8 平 5
30. 后车平五 炮 5 平 4
31. 车七进一 炮 4 退 1
32. 车五平三! (图 42)

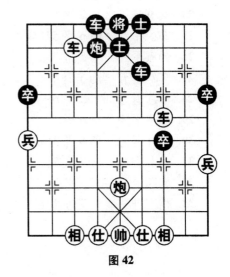

图 42

第 22 局　唐丹负李少庚

1. 炮二平五 马 8 进 7
2. 马二进三 车 9 平 8
3. 车一平二 马 2 进 3
4. 马八进九 卒 7 进 1
5. 炮八平七 车 1 平 2
6. 车九平八 炮 2 进 2
7. 车二进六 马 7 进 6
8. 车八进四 象 3 进 5
9. 车二平四 马 6 进 7
10. 车四平二 马 7 退 6
11. 兵九进一 士 4 进 5
12. 炮七进四 卒 7 进 1 (图 43)
13. 车二平四 马 6 进 7
14. 炮五平七 卒 7 平 6
15. 车四平二 卒 6 进 1
16. 车八平四 卒 5 进 1
17. 车四退一 马 7 退 6!
18. 车二退五 炮 8 平 6
19. 车二进八 炮 6 进 4
20. 马三进二 马 6 进 8
21. 车二退五 炮 2 进 2!
22. 兵五进一 车 2 进 4
23. 仕四进五 马 3 进 5

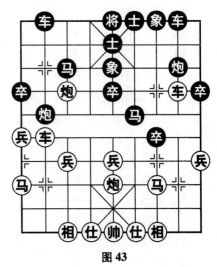

图 43

24. 兵五进一　车2平5

25. 车二平八　炮6平5!

26. 帅五平四　马5进7

27. 车八进五?　士5退4

28. 车八退五　车5平6

29. 后炮平四　车6退1

30. 马九退七　车6平3

31. 马七进八　马7进8!

32. 炮四退一　车3平7

33. 相三进一　车7进4（图44）

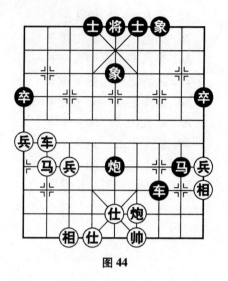

图44

第 23 局　邬正伟胜黄勇

1. 炮二平五　马8进7	2. 马二进三　车9平8
3. 车一平二　马2进3	4. 马八进九　卒7进1
5. 炮八平七　车1平2	6. 车九平八　炮2进2
7. 车二进六　马7进6	8. 车八进四　象3进5
9. 兵九进一　卒3进1	10. 车二退三　士4进5

11. 炮七退一　马6进7

12. 车二平三　炮8平7

13. 车三平四　炮7进5

14. 兵七进一　炮7平1?

15. 兵七进一　炮1平3

16. 炮七平三　卒7进1（图45）

17. 兵七平八　炮3退3

18. 车八平三　车2进4

19. 兵五进一　车8进4

20. 兵五进一!　车8平5

21. 车四进五　象7进9

22. 炮三平二!　象5进7

23. 车三平六　车2退3

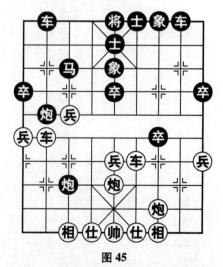

图45

24. 车四平三! 象9退7
25. 车三进一 象7退5
26. 车三退一 象5退7
27. 车三退一 马3进2
28. 炮二平三 象7进9
29. 车三平一 车5平7
30. 车六进一! 车7进4
31. 车六平七 车7平4
32. 车七进四 车4退8
33. 炮五平二! (图46)

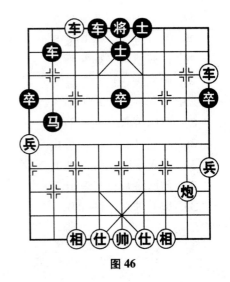

图46

第24局 刘殿中胜林宏敏

1. 炮二平五 马2进3
2. 马二进三 马8进7
3. 车一平二 车9平8
4. 马八进九 卒7进1
5. 炮八平七 炮2进2
6. 车二进六 马7进6
7. 车九平八 车1平2
8. 车八进四 象3进5
9. 兵九进一 士4进5
10. 炮七进四 卒7进1
11. 车二平四 炮8进3
12. 车八平三 车8进4
13. 车三平四 马6退8
14. 炮五平七 炮2平7 (图47)
15. 马三退五 车2进7
16. 后车退二! 炮8进4
17. 兵三进一 炮7平5
18. 兵五进一 炮5进4
19. 仕六进五 马8退6
20. 后炮退一 车2进1?
21. 兵五进一 炮8平9
22. 后车平六 车2平1
23. 兵五进一! 车1进1

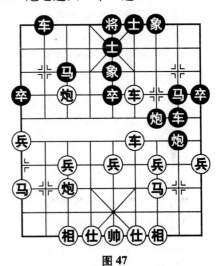

图47

24. 兵五进一　车8进5
25. 兵五进一　士6进5
26. 仕五退六　炮9平7
27. 帅五进一! 象7进5
28. 车六平五　车1平3
29. 车四平六　炮7平4
30. 车五进五　将5平6
31. 车六平四　将6进1
32. 前炮平六! 车8退7
33. 炮七进六（图48）

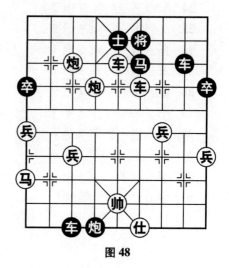

图48

第25局　王斌负胡荣华

1. 炮二平五　马8进7
2. 马二进三　车9平8
3. 车一平二　马2进3
4. 马八进九　卒7进1
5. 炮八平七　炮2进2
6. 车二进六　马7进6
7. 车九平八　车1平2
8. 车八进四　象3进5
9. 车二平四　卒3进1
10. 兵三进一　炮8平7（图49）

11. 兵三进一　卒3进1!
12. 车八平七　炮2平7
13. 车四退一　前炮进5
14. 帅五进一　士4进5
15. 炮七退一　车2进8
16. 马三进二　后炮进6!
17. 炮五平二　后炮平3
18. 马九退七　车2平3
19. 帅五进一　车8平9
20. 车七进三? 车3平8
21. 车四退三　车9进2
22. 车七退一　车9平7
23. 车七平五　车7进2

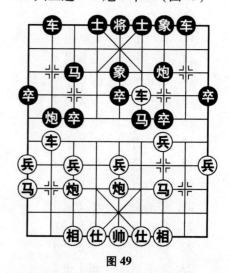

图49

24. 车五退二　车7平2！
25. 车五平六　炮7平9
26. 相七进九　车2进3
27. 车六退二　车2退1
28. 车六进一　车2平1
29. 相九进七　车1平2
30. 仕六进五　卒1进1
31. 车六进一　车2平3
32. 炮二平一　车3平5
33. 帅五平六　车5平2
34. 马二进四　车2进1（图50）

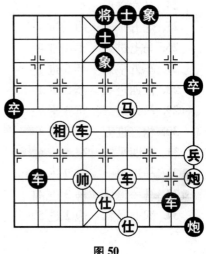

图 50

第 26 局　李家庆负许银川

1. 炮二平五　马8进7	2. 马二进三　车9平8
3. 车一平二　马2进3	4. 马八进九　卒7进1
5. 炮八平七　车1平2	6. 车九平八　炮2进2
7. 车二进六　马7进6	8. 车八进四　象3进5
9. 兵九进一　士4进5	10. 车二退二　卒3进1

11. 兵七进一　卒7进1
12. 车二平三　炮8进3（图51）
13. 车八退一　炮8平3
14. 炮七进三　车8进5！
15. 车八进一　车8平7
16. 兵三进一　炮3进2
17. 马三退五　马6进5
18. 车八退一　马5退7
19. 车八平三　马7退6
20. 马五进七　马6进5
21. 车三平五　马5退3
22. 马七进六　炮2进4
23. 马九进七　炮2退7

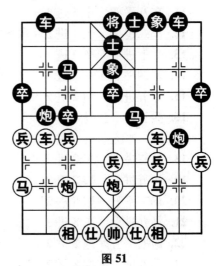

图 51

24. 马六进四　车2平4
25. 炮五平七　后马进4
26. 马七进六　车4进4
27. 车五平四　卒5进1
28. 仕四进五　卒5进1
29. 马四进二?　车4平7!
30. 相三进五　车7退1
31. 车四平二　卒5平6
32. 马二退一　卒9进1
33. 马一退三　马3进4!
34. 炮七平六　炮2进5（图52）

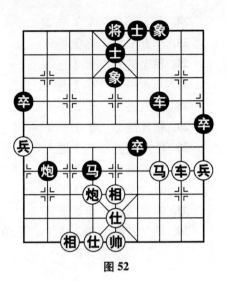

图 52

第27局　王秉国胜邬正伟

1. 炮二平五　马8进7	2. 马二进三　马2进3
3. 车一平二　车9平8	4. 马八进九　卒7进1
5. 炮八平七　炮2进2	6. 车二进六　马7进6
7. 车九平八　车1平2	8. 车八进四　象3进5
9. 车二平四　马6进7	10. 车四平二　马7退6

11. 车八平四　卒3进1
12. 车二退三　士4进5（图53）
13. 兵七进一　卒7进1
14. 车四平三　马3进4
15. 炮五进四　炮2进2
16. 兵五进一!　马4进5
17. 车二平五　马6进5
18. 马三进五　车2进3
19. 兵五进一　炮2退2
20. 车三平五　炮8进2
21. 马九进七　车8进3
22. 炮七平五　炮2进2
23. 马五进三　炮8平7

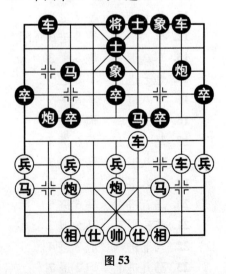

图 53

24. 后炮平三！　车 8 进 3
25. 炮三进三　　车 8 平 3
26. 兵七进一　　炮 2 进 3
27. 相三进五　　车 3 平 4
28. 仕四进五　　车 2 进 5
29. 马三退五！　炮 2 平 1
30. 炮三退四　　车 2 进 1
31. 帅五平四　　将 5 平 4
32. 兵七平六　　车 2 退 2
33. 炮三进三　　车 2 进 1
34. 车五平七　　炮 1 平 4？
35. 炮三退一！（图 54）

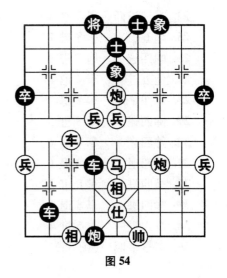

图 54

第 28 局　胡荣华胜李来群

1. 炮二平五　　马 8 进 7	2. 马二进三　　车 9 平 8
3. 车一平二　　马 2 进 3	4. 马八进九　　卒 7 进 1
5. 炮八平七　　车 1 平 2	6. 车九平八　　炮 2 进 2
7. 车二进六　　马 7 进 6	8. 车八进四　　象 3 进 5
9. 炮七进四　　卒 7 进 1	10. 车二平四　　马 6 进 7

11. 炮五退一　　炮 8 进 5
12. 车八平三　　炮 8 平 1
13. 相七进九　　炮 2 进 5
14. 相九退七　　车 2 进 7？（图 55）
15. 车三退一　　车 2 平 4
16. 炮五进五　　马 3 进 5
17. 仕四进五　　车 4 进 1
18. 帅五平四！　士 4 进 5
19. 车四平五　　车 8 进 8
20. 车五平四　　将 5 平 4
21. 炮七平五！　车 8 平 7
22. 相三进一　　车 4 退 5
23. 车三进三！　炮 2 退 9

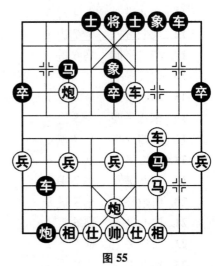

图 55

24. 马三进四　车7平8
25. 炮五退一　车8进1
26. 帅四进一　炮2进8
27. 仕五进六　车4退1
28. 车四平六　车8退1
29. 帅四退一　车8进1
30. 帅四进一　车8退1
31. 帅四退一　车8退1
32. 马四进六　车8进2
33. 帅四进一　车8退3
34. 车六进一　士5进4
35. 车三平四！（图56）

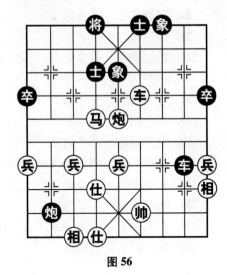

图 56

第 29 局　赵鑫鑫负李家华

1. 炮二平五　马8进7
2. 马二进三　车9平8
3. 车一平二　马2进3
4. 马八进九　卒7进1
5. 炮八平七　车1平2
6. 车九平八　炮2进2
7. 车二进六　马7进6
8. 车八进四　象3进5
9. 车二平四　马6进7
10. 车四平二　马7退6
11. 兵九进一　士4进5
12. 炮七进四　卒7进1
13. 车二平四　马6进7
14. 炮五平七　卒7平6（图57）
15. 车四平二　卒6进1
16. 车八平四　卒5进1
17. 车四退一　马7退6
18. 车二平四　炮8平6
19. 马九进八　车2平4
20. 前炮平八　车8进8
21. 炮七进五　炮6平3
22. 前车平七　炮3平2
23. 兵七进一　车8平3

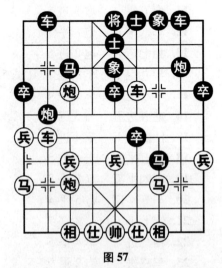

图 57

24. 兵五进一　车 3 进 1
25. 仕四进五　车 4 进 8！
26. 相三进五　前炮平 4
27. 炮八平一　炮 4 进 5！
28. 炮一平五　将 5 平 4
29. 车四进二？　车 3 平 2
30. 帅五平四　炮 4 平 3
31. 马八退九　炮 2 进 6！
32. 马九退七　炮 3 退 4
33. 帅四进一　车 2 平 7！
34. 车四退二　车 4 进 1
35. 相五进七　车 7 退 1
36. 帅四进一　车 7 退 1（图 58）

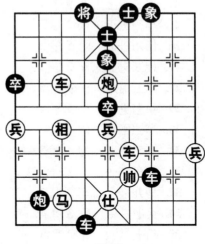

图 58

第 30 局　吕钦胜于幼华

1. 炮二平五　马 8 进 7　　　2. 马二进三　车 9 平 8
3. 车一平二　马 2 进 3　　　4. 马八进九　卒 7 进 1
5. 炮八平七　车 1 平 2　　　6. 车九平八　炮 2 进 2
7. 车二进六　马 7 进 6　　　8. 车八进四　象 3 进 5
9. 车二平四　卒 3 进 1　　 10. 兵三进一　炮 8 平 7
11. 兵三进一　炮 7 进 5
12. 炮七平三　马 6 进 5（图 59）
13. 车四退三　马 5 退 4
14. 兵三进一　士 4 进 5
15. 兵九进一　卒 3 进 1
16. 车八平七　炮 2 进 2？
17. 车四进五！　炮 2 退 5
18. 炮五进五！　马 4 退 5
19. 车四退三　马 3 退 1
20. 车四平二　车 8 平 9
21. 兵三平四　马 1 进 2
22. 车七平三　士 5 退 4
23. 兵四平五！　炮 2 平 5

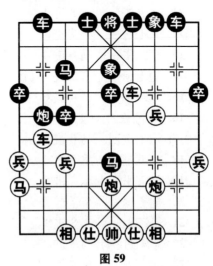

图 59

24. 炮三进七　车9平7
25. 车三进五　马2退3
26. 仕四进五　炮5进2
27. 相三进五　车2进3
28. 车三退六　士4进5
29. 兵七进一　炮5平4
30. 车二平五　炮4退3
31. 车三平五　炮4平3
32. 前车进一!　车2进5
33. 马九进七　车2退2
34. 兵七进一　炮3进4
35. 马七进六　车2平5
36. 马六退五（图60）

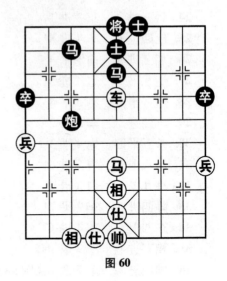

图 60

第31局　洪智负刘殿中

1. 炮二平五　马8进7　　　2. 马二进三　马2进3
3. 车一平二　车9平8　　　4. 马八进九　卒7进1
5. 炮八平七　炮2进2　　　6. 车二进六　马7进6
7. 车九平八　车1平2　　　8. 车八进四　象3进5
9. 车二平四　马6进7　　　10. 车四平二　马7退6
11. 兵九进一　卒3进1
12. 兵七进一?　卒7进1
13. 车二平三　马6进4
14. 炮七退一　卒3进1（图61）
15. 车八平七　马4进6
16. 车三平二　炮2平3!
17. 炮七进四　马6进7
18. 帅五进一　象5进3
19. 炮五平七　车2进8
20. 炮七退一　卒7进1
21. 马三退一　车8进1
22. 车七进一　马3进2
23. 车七退一　车8平4!

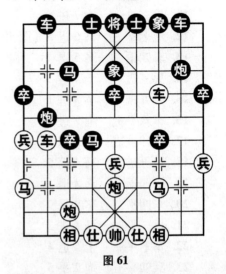

图 61

24. 车二进一　车4进8
25. 帅五平四　马7退6
26. 仕四进五　车4退1
27. 帅四退一　车2退1
28. 车二退一　马2进4
29. 相三进五　象7进5
30. 车二进一　马4退6
31. 车二退六　车2平5
32. 车七平四　车5平2
33. 车四平七　后马进5
34. 车七进三　马6进5
35. 帅四平五　车2平4!
36. 车七平五　士4进5
37. 马九进七　前车进1

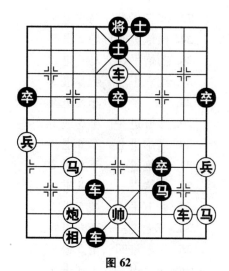

图 62

38. 帅五进一　马5进7（图62）

第 32 局　言穆江胜黄伯龙

1. 炮二平五　马8进7
2. 马二进三　车9平8
3. 马八进九　卒7进1
4. 炮八平七　马2进3
5. 车九平八　车1平2
6. 车一平二　炮2进2
7. 车二进六　马7进6
8. 车八进四　象3进5
9. 兵九进一　卒3进1
10. 车二退三　士4进5（图63）
11. 仕六进五　车2平4
12. 炮五平六　马6退7
13. 车二进三　马7进6
14. 车二退二　卒7进1
15. 车二平三　炮8进3
16. 车八退二　炮8进1
17. 相七进五　马6进5
18. 马三进五　炮8平5
19. 炮七退一!　车4进6
20. 车八平七!　炮5平9
21. 兵七进一　卒3进1

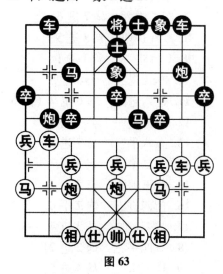

图 63

22. 车三平七　马3退4　　23. 炮七平六　车4平6

24. 前炮进四！炮2平5　　25. 前车平一　炮9平8

26. 前炮平八　马4进2

27. 炮六平八　炮8进3

28. 车一平五　车8进5

29. 车五进一！卒5进1

30. 后炮进七　车8退2

31. 后炮进一　车6进2？

32. 前炮进一　车8进5

33. 帅五平六　象5进3

34. 车七进三　车6退6

35. 车七进四　士5退4

36. 车七退二　士4进5

37. 前炮平九　车6平4

38. 帅六平五（图64）

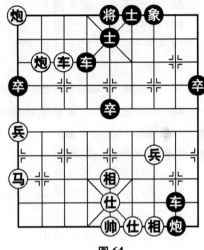

图64

第33局　蔡福如负李艾东

1. 炮二平五　马8进7　　2. 马二进三　车9平8

3. 马八进九　卒7进1　　4. 炮八平七　马2进3

5. 车九平八　车1平2　　6. 车一平二　炮2进2

7. 车二进六　马7进6

8. 车八进四　象3进5

9. 兵九进一　卒3进1

10. 车二退三　士4进5

11. 仕六进五　马6退7（图65）

12. 兵三进一　卒7进1

13. 车八平三　马7进8

14. 车二平四　炮8平7

15. 仕五退六　车2平4

16. 仕四进五　炮7平6

17. 马三进二　马3进4

18. 车四平三　炮2进2！

19. 炮五平二　马4进5！

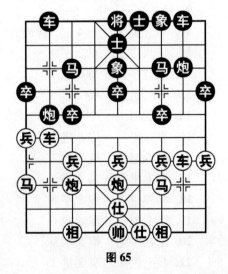

图65

20. 前车平八　炮 2 平 1　　　**21.** 炮七平五　马 5 退 6

22. 车三进五　马 6 进 8　　　**23.** 车三平四　车 4 进 4

24. 炮五进五　将 5 平 4　　　**25.** 炮二平六　车 4 进 3!

26. 仕五进六　前马进 6

27. 仕六进五　马 8 进 7

28. 相七进五　车 8 进 9

29. 车八进二　马 7 退 6

30. 炮五平六　前马进 7

31. 帅五平六　马 7 退 5!

32. 车八平五　车 8 平 7

33. 帅六进一　马 5 退 4

34. 炮六退二　马 6 进 5!

35. 车五退三　炮 1 平 5

36. 车四平二　车 7 退 5

37. 炮六进一　车 7 平 4

38. 炮六退二　车 4 平 8（图 66）

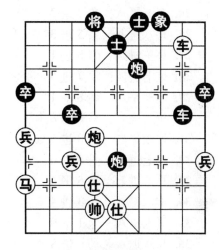

图 66

第 34 局　金波胜蔡忠诚

1. 炮二平五　马 8 进 7　　　**2.** 马二进三　车 9 平 8

3. 车一平二　马 2 进 3　　　**4.** 马八进九　卒 7 进 1

5. 炮八平七　车 1 平 2

6. 车九平八　炮 2 进 2

7. 车二进六　马 7 进 6

8. 车八进四　象 3 进 5

9. 兵九进一　卒 3 进 1

10. 车二退三　士 4 进 5

11. 炮七退一　马 3 进 4（图 67）

12. 炮五平八!　卒 3 进 1

13. 车八平七　炮 2 平 3

14. 马九进八　炮 3 平 2

15. 炮八平五　炮 2 平 3

16. 炮五平八　炮 3 平 2

17. 炮八进三　车 2 进 4

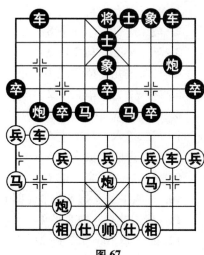

图 67

18. 马八退九　炮8进2

19. 相三进五　车2进4

20. 仕四进五　车8进3

21. 兵一进一　车2退1

22. 兵三进一　卒7进1

23. 车七平三　马4进3

24. 车三平八！车2退2

25. 马九进八　卒1进1

26. 马八进七　象5进3?

27. 马三进四　炮8进1

28. 炮七进四！象7进5

29. 炮七平六　炮8平1

30. 车二进三　马6退8

31. 炮六平二　马8进6

32. 马七进五　士5进6

33. 马五进七　将5平4

34. 炮二平九　马3进4

35. 马七退八　炮1平9

36. 马八退六　马6进8

37. 马四进五　士6进5

38. 炮九进四　将4平5

39. 马六进七！（图68）

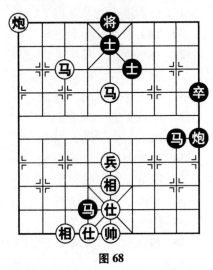

图 68

第35局　刘殿中负许银川

1. 炮二平五　马8进7

2. 马二进三　车9平8

3. 车一平二　马2进3

4. 马八进九　卒7进1

5. 炮八平七　车1平2

6. 车九平八　炮2进2

7. 车二进六　马7进6

8. 车八进四　象3进5

9. 兵九进一　卒3进1

10. 车八平二　炮8进3（图69）

11. 车二进三　炮8平4

12. 车二退五　车2进2！

13. 仕四进五　士4进5

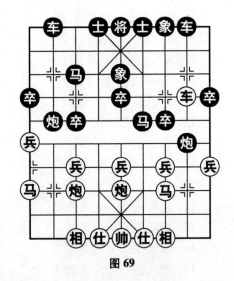

图 69

14. 炮七平八　车2平1
15. 炮八进一　卒1进1
16. 兵九进一　车1进2
17. 车二平四　炮4退5
18. 炮五平四　马6退7
19. 相三进五　马3进4
20. 车四平二　车1进2
21. 炮八退三?　马7进6
22. 炮八平九　车1平2
23. 炮四进一　马6进4
24. 炮四退二　前马进5!
25. 相七进五　车2进1
26. 马九进八　车2平5
27. 马三退四　炮4平3
28. 车二平六　炮3进6
29. 炮九平七　炮3退1
30. 炮四进四　车5平2
31. 炮四平七　车2退2
32. 前炮进一　马4退2
33. 马四进二　炮2平1
34. 帅五平四　车2进4
35. 马二进四　炮1进1
36. 车六进二　马2退3!
37. 车六退三　炮3平6
38. 马四退六　车2平3
39. 马六进七　车3平2（图70）

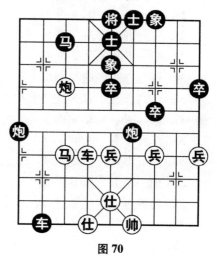

图70

第36局　胡荣华胜于幼华

1. 炮二平五　马8进7
2. 马二进三　车9平8
3. 车一平二　马2进3
4. 马八进九　卒7进1
5. 炮八平七　车1平2
6. 车九平八　炮2进2
7. 车二进六　马7进6
8. 车八进四　象3进5
9. 车二退三　士4进5
10. 炮七进四　马6进7
11. 兵九进一　马7退8
12. 车二平四　炮8平6（图71）

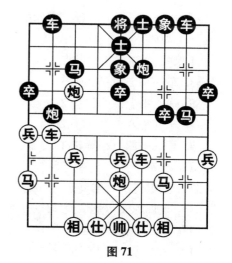

图71

13. 车四进二　炮2平5
14. 兵五进一　炮5进3
15. 车八进五　马3退2
16. 相七进五　马8进7
17. 车四退二　卒7进1？
18. 炮七退二！车8进7
19. 炮七平三　马7进9
20. 炮三平一！马9进8
21. 马三进五！车8退2
22. 车四进二　炮6平7
23. 马九进八　炮7进2
24. 马八进六　卒5进1
25. 兵五进一　卒9进1
26. 兵五进一　炮7平4
27. 车四平一　炮4进1
28. 兵五进一　象7进5
29. 车一平八　马2进4
30. 马五进四　炮4平5
31. 仕六进五　象5进7
32. 车八退一！车8进1
33. 车八平五　车8平9
34. 车五平六　士5进4
35. 炮一平五　车9平6
36. 马四进五　士6进5
37. 马五退三　将5平4
38. 车六平七　马4进2
39. 车七进三　车6退1
40. 炮五平七（图72）

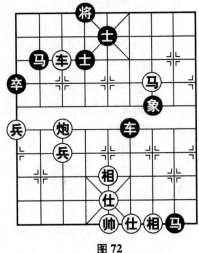

图72

第37局　吕钦负阎文清

1. 炮二平五　马8进7
2. 马二进三　车9平8
3. 车一平二　马2进3
4. 马八进九　卒7进1
5. 炮八平七　炮2进2
6. 车二进六　马7进6
7. 车九平八　车1平2
8. 车八进四　象3进5
9. 车二平四　卒3进1
10. 兵三进一　卒7进1
11. 车八平三　士4进5
12. 兵七进一　车2平4（图73）
13. 兵七进一　马6进4！
14. 炮七进一　炮2退1
15. 车四退二　炮2进2！
16. 车四平六　炮2平7
17. 车六平三　炮8平6
18. 车三平八　车8进4
19. 兵七进一　马3退2
20. 兵七平六　车8平4

21. 仕四进五	前车退1	22. 炮五平六	前车平3
23. 相三进五	卒5进1	24. 兵九进一	马2进3
25. 车八平三	车4进3	26. 炮七进四	炮6平3
27. 马九进八	车3进3	28. 兵一进一	炮3平1
29. 马八退九	车3平1	30. 车三平七	炮1进3
31. 马九进七	卒1进1	32. 兵五进一	车1平2
33. 炮六平九?	车4进3!	34. 马七退八	炮1平5
35. 马八进六	车4进1	36. 车七平五	车4进2
37. 仕五退六	卒5进1	38. 马三进二	车2平8
39. 马二进一	车8进3	40. 帅五进一	车8平4!（图74）

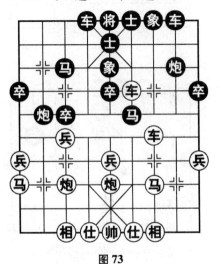

图 73

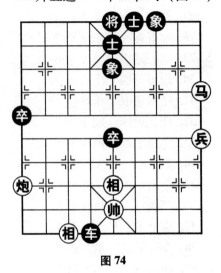

图 74

第 38 局　苗利明胜才溢

1. 炮二平五	马8进7	2. 马二进三	车9平8
3. 车一平二	马2进3	4. 马八进九	卒7进1
5. 炮八平七	车1平2	6. 车九平八	炮2进2
7. 车二进六	马7进6	8. 车八进四	象3进5
9. 车二平四	卒3进1	10. 兵三进一	炮8平7
11. 兵三进一	卒3进1	12. 车八平七	炮2平7（图75）
13. 车四退一	前炮进5	14. 仕四进五	前炮平9
15. 帅五平四	车8进9	16. 帅四进一	车8退1

17. 帅四退一　士4进5
18. 兵九进一！炮7平6
19. 车四进二　士5进6
20. 车七进三　车8进1
21. 帅四进一　车8退6
22. 马三进四！炮9平3
23. 马四进六　士6进5
24. 马九进八　炮3退1
25. 仕五进四　士5退4
26. 车七退三　车2进1
27. 帅四平五　车8进5
28. 帅五退一　车2平7
29. 炮五进四　将5平6
30. 炮五平四　士6退5
31. 仕六进五　车8进1
32. 仕五退四　炮3平9
33. 炮四平八！炮9进1
34. 炮八进三　象5退3
35. 车七平四　士5进6
36. 车四进三　将6平5
37. 炮七平五！车7平5
38. 车四平三　象7进5
39. 马六进五　车8退7
40. 车三退七（图76）

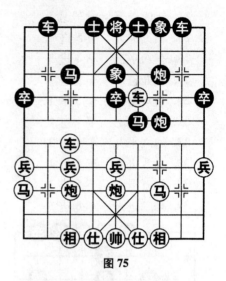

图 75

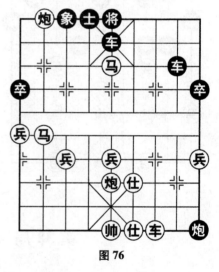

图 76

第 39 局　李启杰负曾东平

1. 炮二平五　马2进3
2. 马二进三　马8进7
3. 车一平二　车9平8
4. 马八进九　卒7进1
5. 炮八平七　车1平2
6. 车九平八　炮2进2
7. 车二进六　马7进6
8. 车八进四　象3进5
9. 兵九进一　卒3进1
10. 车二退三　士4进5

11. 炮七退一　炮 8 进 2（图77）
12. 兵三进一　卒 7 进 1
13. 车八平三　车 8 进 3
14. 炮七平三　车 2 平 4
15. 车三进五?　炮 8 平 7!
16. 车二进三　炮 7 进 4
17. 车三平二　马 6 退 8
18. 车二退三　炮 7 平 1!
19. 仕四进五　炮 2 进 5
20. 炮五平六　车 4 平 2
21. 车二退二　车 2 进 7
22. 相三进五　马 3 进 2
23. 马三进四　马 2 进 3
24. 马四进三　象 5 退 7
26. 炮六平三　士 5 进 6
28. 炮三平一　炮 1 进 1!
29. 车二进五　士 5 退 6
30. 车二退一　士 6 进 5
31. 车二进一　士 5 退 6
32. 车二退四　士 6 进 5
33. 车二平七　马 5 进 7
34. 帅五平四　炮 2 平 4!
35. 帅四进一　炮 4 平 9
36. 车七平二　炮 9 退 1
37. 车二退四　车 2 平 8
38. 车二平一　炮 1 退 1
39. 马九退七　马 7 退 8
40. 马三进一　车 8 平 6!（图78）

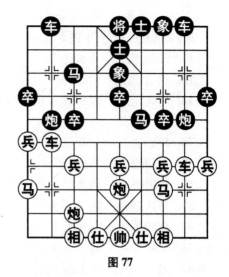

图 77

25. 炮六进二　马 3 进 5
27. 炮三进五　士 6 进 5

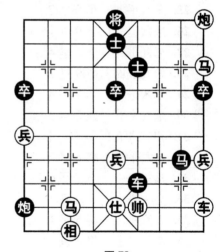

图 78

第 40 局　胡荣华胜杨官璘

1. 炮二平五　马 8 进 7
2. 马二进三　卒 7 进 1
3. 马八进九　马 2 进 3
4. 车一平二　车 9 平 8
5. 炮八平七　车 1 平 2
6. 车九平八　炮 2 进 2

7. 车二进六　马7进6　　　　　8. 车八进四　象3进5

9. 兵九进一　士4进5　　　　　10. 炮七进四　卒7进1

11. 车二平四　马6进7　　　　　12. 炮五平七　炮2平5

13. 相七进五　车2进5

14. 马九进八　炮8进2（图79）

15. 仕六进五　炮8平7

16. 相五进三！车8进5

17. 车四退二　卒9进1

18. 前炮平六　马3进4

19. 马八进六　炮7平4

20. 车四平六　炮4平2

21. 车六平八　炮2平4

22. 炮七平九　卒1进1?

23. 兵九进一　炮5平1

24. 车八进一！炮4平7

25. 车八平九　车8平7

26. 炮六退三！卒9进1

27. 车九平八　士5进4

28. 炮九进四　卒9进1

29. 车八进一　卒9平8

30. 炮九平五　象5退3

31. 相三进五！车7平4

32. 炮六平三　卒8平7

33. 马三进一　卒7平6

34. 马一进二　卒6平5

35. 车八进三　将5平4

36. 车八平七　将4进1

37. 马二进三　士4退5

38. 炮五平一！士5进6

39. 车七退四　炮7进2

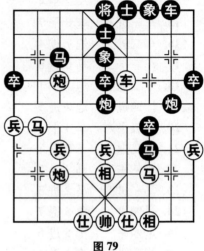

图 79

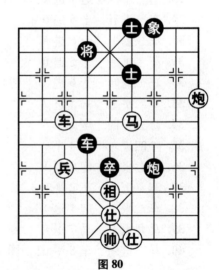

图 80

40. 马三退四！（图80）

第 41 局　吕钦胜柳大华

1. 炮二平五　马8进7　　　　　2. 马二进三　车9平8

3. 车一平二　马2进3

4. 马八进九　卒7进1

5. 炮八平七　炮2进2

6. 车二进六　马7进6

7. 车九平八　车1平2

8. 车八进四　象3进5

9. 车二平四　马6进7

10. 车四平二　车8进1（图81）

11. 兵九进一　车2进1

12. 炮七进四　炮8平7

13. 车二进二　车2平8

14. 车八进一　马7进5

15. 相七进五　炮7进5

16. 马九进八　车8平4

17. 车八进二！车4进4

18. 兵七进一　马3退5

19. 炮七平一　马5退3

20. 车八退一　车4退1

21. 车八平九　车4平5

22. 马八进七　车5进2

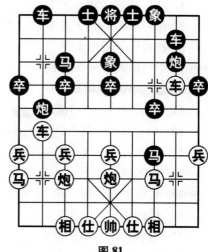

图81

23. 马七进六　车5平9？

25. 车九平五　马3进2

27. 仕六进五　将5平6

24. 马六退四　将5进1

26. 车五平八　马2退4

28. 马四进二　将6平5

29. 车八平六！炮7平8

30. 马二进四　将5退1

31. 马四退三　马4进6

32. 炮一平五　象5退3

33. 车六进一　炮8退5

34. 帅五平六！车9平5

35. 车六进二　将5进1

36. 炮五平一　车5平9

37. 炮一平九　车9退3

38. 车六退一　将5退1

39. 炮九进三　象3进1

40. 车六进一　将5进1

41. 炮九平三（图82）

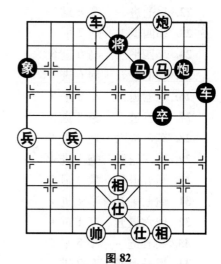

图82

第 42 局 赵国荣负许银川

1. 炮二平五　马8进7
2. 马二进三　车9平8
3. 车一平二　马2进3
4. 马八进九　卒7进1
5. 炮八平七　车1平2
6. 车九平八　炮2进2
7. 车二进六　马7进6
8. 车八进四　象3进5
9. 车二平四　卒3进1
10. 兵三进一　炮8平7
11. 兵三进一　卒3进1
12. 兵七进一　马3进4（图83）
13. 车八进一　车2进4
14. 车四退一　士4进5
15. 兵三平二　炮7进7
16. 仕四进五　车8进2
17. 炮五进四　车2退1
18. 炮五退二？马4退6！
19. 兵二平三　车8进4
20. 相七进五　炮7退5
21. 马九进七　炮7退3
22. 兵七进一　车8退2！
23. 车四退二　炮7平6
24. 车四平三　马6进5
25. 马七进五　炮6进1
26. 炮七退二　车8平5
27. 仕五进六　象5进3
28. 车三进六　炮6平1
29. 车三退五　炮1进4
30. 马五退三　象3退5
31. 炮七平九　卒1进1
32. 仕六退五　卒1进1
33. 兵五进一　车5平3
34. 后马退四　车2进6
35. 炮九进二　车3进3
36. 炮九退一　车3进1

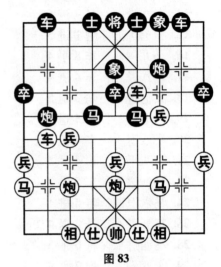

图 83

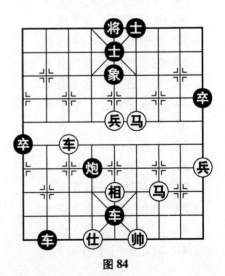

图 84

37. 兵五进一　车 3 平 4 !　　　38. 马四进三　炮 1 平 3 !

39. 帅五平四　车 4 平 1　　　　40. 车三平七　炮 3 平 4

41. 前马进四　车 1 平 5（图 84）

第 43 局　刘殿中胜于幼华

1. 炮二平五　马 8 进 7　　　　2. 马二进三　车 9 平 8

3. 车一平二　马 2 进 3　　　　4. 马八进九　卒 7 进 1

5. 炮八平七　车 1 平 2　　　　6. 车九平八　炮 2 进 2

7. 车二进六　马 7 进 6　　　　8. 车八进四　象 3 进 5

9. 兵九进一　卒 3 进 1　　　　10. 车二退三　士 4 进 5

11. 炮七退一　马 6 进 7　　　　12. 车二平三　炮 8 平 7

13. 车三平四　炮 7 进 5　　　　14. 兵七进一　炮 7 平 1?

15. 兵七进一　炮 1 平 3

16. 炮七平三　象 5 进 3（图 85）

17. 车四平二 ! 车 8 平 9

18. 车八平七　象 7 进 5

19. 车七退二　炮 2 进 5

20. 兵五进一 ! 车 9 进 2

21. 炮五平二　士 5 退 4

22. 车七平四　车 2 进 5

23. 仕四进五　车 9 退 2

24. 炮三平二　士 6 进 5

25. 车二进六　车 9 平 8

26. 后炮进八　士 5 进 6

27. 前炮平一　车 2 平 5

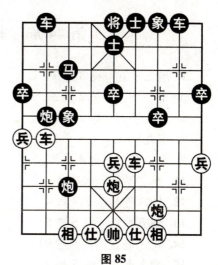

图 85

28. 炮二进七　将 5 进 1　　　29. 车四平八　将 5 平 6

30. 炮二退三 ! 炮 2 平 1　　　31. 车八平二　将 6 平 5

32. 炮二平三　将 5 平 4　　　33. 炮一退一　车 5 退 1

34. 车二平八　象 3 退 1　　　35. 车八进六　将 4 进 1

36. 炮三进二　象 5 退 7　　　37. 炮三退一　象 7 进 5

38. 炮一退一　车 5 平 6　　　39. 车八平四　士 4 进 5

40. 车四平五　炮 1 退 3　　　41. 炮一平四 !（图 86）

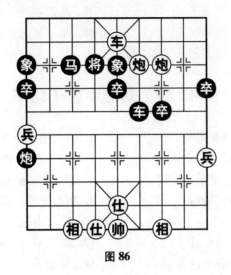

图86

第44局 杨官璘负李义庭

1. 炮二平五　马8进7　　　2. 马二进三　车9平8

3. 车一平二　马2进3　　　4. 马八进九　卒7进1

5. 炮八平七　炮2进2　　　6. 车二进六　马7进6

7. 车九平八　车1平2　　　8. 车八进四　象3进5

9. 车二退二　士4进5　　　10. 兵七进一　卒7进1

11. 车二平三　炮8平6

12. 仕六进五　车8进4（图87）

13. 炮五平六　马6进8

14. 相三进五　马8进9!

15. 炮七退一　炮2平7!

16. 车八进五　马3退2

17. 兵七进一　炮6平7

18. 车三平八　马2进1

19. 相五进三　马9退7

20. 兵七平六　前炮退1

21. 马九进七　卒3进1

22. 马七进八　车8平4

23. 马八进九　后炮平1

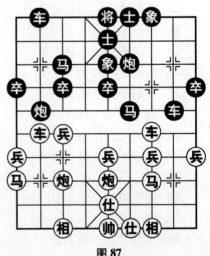

图87

24. 炮七平六　车 4 平 7
25. 车八进五？士 5 退 4
26. 后炮进八　炮 7 进 2
27. 马三退一　车 7 平 4
28. 前炮退一　将 5 进 1
29. 前炮平九　车 4 进 2
30. 车八退五　炮 7 退 3
31. 兵九进一　马 7 进 8!
32. 相七进五　车 4 平 5
33. 帅五平六　炮 1 平 2
34. 相五进三　车 5 平 3
35. 车八平五　车 3 平 4
36. 车五退二　炮 2 平 4
37. 帅六平五　炮 7 进 2!
38. 车五进四　炮 4 进 5
39. 仕五进六　马 8 退 6
40. 帅五进一　车 4 平 9
41. 帅五平四　马 6 退 7（图 88）

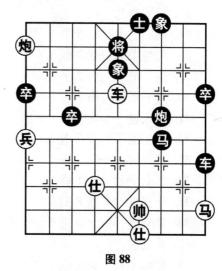

图 88

第 45 局　胡荣华胜季本涵

1. 炮二平五　马 8 进 7
2. 马二进三　马 2 进 3
3. 马八进九　卒 7 进 1
4. 车一平二　车 9 平 8
5. 炮八平七　炮 2 进 2
6. 车二进六　马 7 进 6
7. 车九平八　车 1 平 2
8. 车八进四　象 3 进 5
9. 兵九进一　士 4 进 5
10. 炮七进四　卒 7 进 1
11. 车二平四　马 6 进 7
12. 炮五平七　卒 7 平 6（图 89）
13. 相七进五　炮 2 平 7
14. 车四平二　卒 6 进 1
15. 车八平四　卒 6 进 1
16. 车四退二　车 2 进 7
17. 车四进一!　车 2 平 1

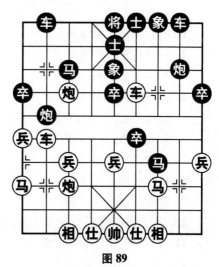

图 89

18. 车四平三　炮8平7　　　19. 车二进三　后炮进4

20. 兵七进一　后炮平2　　　21. 车二退六　炮2进5

22. 后炮退二　炮7进3　　　23. 仕四进五　车1平5

24. 马三进四　车5平9　　　25. 马四进六　车9进2?

26. 前炮平一!　炮2退3　　　27. 兵五进一!　炮7退3

28. 炮一退六　炮2平8　　　29. 炮七进七　炮8进3

30. 帅五平四　炮7进3

31. 帅四进一　炮7平9

32. 炮七退一　炮9退2

33. 马六进八　炮9平1

34. 炮七平六　炮1进1

35. 仕五进六　炮8退8

36. 兵七进一　士5进6

37. 兵七进一　炮8平6

38. 帅四平五　象7进9

39. 炮六退三　炮6平9

40. 马八进七　将5进1

41. 马七退六　将5平6

42. 兵五进一　(图90)

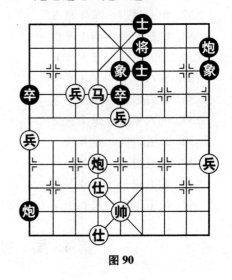

图 90

第 46 局　陈富杰负万春林

1. 炮二平五　马8进7

2. 马二进三　车9平8

3. 车一平二　马2进3

4. 马八进九　卒7进1

5. 炮八平七　车1平2

6. 车九平八　炮2进2

7. 车二进六　马7进6

8. 车八进四　象3进5

9. 炮七进四　卒7进1

10. 车二平四　马6进7　(图91)

11. 车八平三　马7进5

12. 相三进五　车2进3

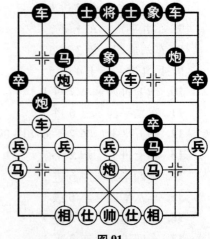

图 91

13. 炮七退二　炮8进5	14. 车四退一? 炮2进4!
15. 马九退七　炮2平1	16. 炮七平四　士4进5
17. 炮四退三　炮8进1!	18. 仕四进五　车8进7
19. 炮四进一　车8退1	20. 马七进九　炮8平6
21. 马三进四　车8进3	22. 仕五退四　车8退2
23. 仕四进五　车2平4	24. 车四平七　车8进2
25. 仕五退四　炮6退3	26. 车三平四　车8平6!
27. 帅五平四　车4进6	28. 帅四进一　车4退1
29. 帅四退一　炮1进1	
30. 马九退八　象5进3	
31. 车四平八　马3进4	
32. 车八退二　马4进5	
33. 炮四进一　车4退3	
34. 帅四进一　车4平6	
35. 炮四退一　马5进7	
36. 相五进七　炮1平3	
37. 帅四平五　炮3平9	
38. 马八进六　车6平8	
39. 车八进七　士5退4	
40. 马六进八　车8进3	
41. 帅五进一　马7进6	
42. 帅五平六　炮9退2（图92）	

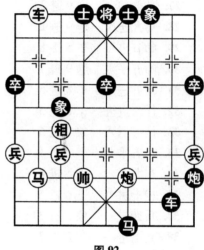

图92

第47局　吕钦负刘殿中

1. 炮二平五　马8进7	2. 马二进三　马2进3
3. 车一平二　车9平8	4. 马八进九　卒7进1
5. 炮八平七　炮2进2	6. 车二进六　马7进6
7. 车九平八　车1平2	8. 车八进四　象3进5
9. 兵九进一　卒3进1	10. 车二退三　士4进5
11. 炮七退一　马6进7	12. 相三进一　马3进4（图93）
13. 炮五进四　卒3进1	14. 车八平七　卒7进1
15. 车七平三　车2进3	16. 车二进三　车2平5
17. 前车平六　马4退2	18. 车三平二　炮8进2

19. 兵五进一！ 车5平8

20. 兵五进一　炮2平3！

21. 马三进五? 炮3进4

22. 马九退七　象5进7！

23. 兵五平四　炮8平9

24. 车二进三　车8进3

25. 车六退二　车8平5

26. 车六平五　马2进1

27. 马七进九　炮9进3！

28. 马九进八　炮9进2

29. 帅五进一　车5平8

30. 帅五平六　炮9退1

31. 马五进六　车8进5

32. 仕六进五　车8退3

33. 仕五退六　象7退5

34. 车五平九　卒1进1

35. 车九平六　士5进4

36. 相七进九　士6进5

37. 兵四进一　象5进3！

38. 兵七进一　车8进3

39. 仕六进五　车8退2

40. 仕五进四　车8平2

41. 帅六平五　车2退1

42. 兵七进一　炮9退1

43. 车六进一　车2平7（图94）

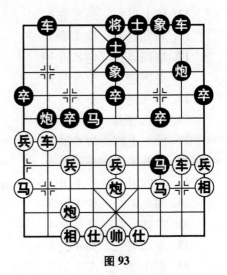

图 93

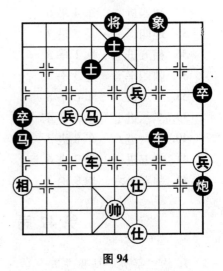

图 94

第48局　王嘉良胜季本涵

1. 炮二平五　马8进7

2. 马二进三　马2进3

3. 车一平二　车9平8

4. 马八进九　卒7进1

5. 炮八平七　车1平2

6. 车九平八　炮2进2

7. 车二进六　马7进6

8. 车八进四　象3进5

9. 兵九进一　卒3进1

10. 车二退三　士4进5

11. 炮七退一　马6退7
12. 车二进一　马7进6（图95）
13. 仕六进五　马3进4
14. 炮五平八！卒7进1
15. 车二平三　卒3进1
16. 车八平七　车2平4
17. 炮八进一！炮8进6
18. 炮七进一　炮8平7
19. 车三平五　炮7退2
20. 相三进五　车8进3
21. 车五平三　炮7平8
22. 炮七平六　车4平1
23. 车七进四　炮2平3
24. 马九进八　马4进3
26. 炮六进三！马6退4
28. 车七进一　卒5进1
30. 车七进三　象5退3
32. 车三进五　后马退3
33. 车三退四　车8平3
34. 相七进九　车3进4
35. 车三平五　士6进5
36. 车五平二　炮8平7
37. 炮八退五　车3平1
38. 炮八平五　将5平6
39. 车二平四　士5进6
40. 车四进二　将6平5
41. 马六进五　士4进5
42. 马五进七　将5平4
43. 车四退一　将4进1
44. 仕五退六（图96）

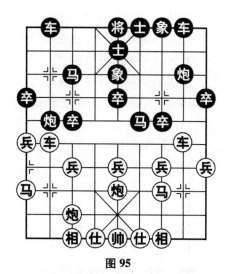

图 95

25. 炮六进一　　炮8进2？
27. 车七退三　　马3进4
29. 马八进六　　车1平3
31. 炮八进六　　士5退4

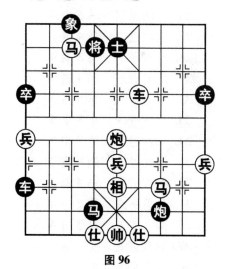

图 96

第49局　刘殿中负赵国荣

1. 炮二平五　马8进7　　　　2. 马二进三　车9平8

3. 车一平二　马2进3

4. 马八进九　卒7进1

5. 炮八平七　炮2进2

6. 车二进六　马7进6

7. 车九平八　车1平2

8. 车八进四　象3进5

9. 兵九进一　卒3进1

10. 车二退二　士6进5（图97）

11. 兵七进一　卒3进1

12. 车八平七　马3进4

13. 炮七平八　车2平1

14. 车七进二　炮8进1

15. 车七平五　卒7进1!

16. 车二平三　车1平3

17. 炮八平六　车3进9

18. 马九进八　炮8进1

19. 车五平九　马4进5

20. 车三平四　车3退4!

21. 车四平七　马5退3

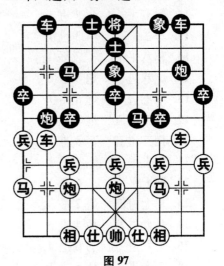

图 97

22. 仕六进五　炮8平7

23. 车九平四?　马6进5

24. 车四退三　马5退4

25. 兵三进一　炮7退2

26. 炮六进二　马4进2

27. 炮六平八　炮7进5

28. 车四平七　马3退4

29. 兵九进一　炮2退2

30. 车七进三　马4进5

31. 车七退二　马5退4

32. 车七平六　车8退3

33. 兵三进一　车8平5

34. 车六进一　炮7平8

35. 兵九进一　炮8进2!

36. 炮五进三　马4退3

37. 帅五平六　炮2平4

38. 帅六平五　马3进4

39. 炮八进五　象5退3

40. 车六平七　象7进5

41. 炮五进二　士5进6

42. 车七进四　车5退1

43. 车七退一　士4进5

44. 兵三进一　士5退6（图98）

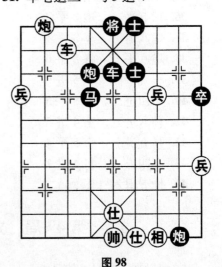

图 98

第50局 李智屏负陶汉明

1. 炮二平五 马8进7	2. 马二进三 车9平8
3. 车一平二 马2进3	4. 马八进九 卒7进1
5. 炮八平七 炮2进2	6. 车二进六 马7进6
7. 车九平八 车1平2	8. 车八进四 象3进5
9. 兵九进一 卒3进1	10. 车二退三 士4进5
11. 炮七退一 马6进7	12. 炮五平七 车2平4
13. 仕四进五 车4进8	
14. 兵七进一 马7退8!（图99）	
15. 车二进二? 卒3进1	
16. 车二进二 车8进2	
17. 后炮进三 车4退6	
18. 相七进五 炮2平6	
19. 车八进二 车8进5	
20. 马三进四 车8退4	
21. 马九进八 马3退1	
22. 车八进三 车4退2	
23. 车八退一 炮6退3	
24. 前炮进四 士5进6	
25. 前炮平九 炮6进4	

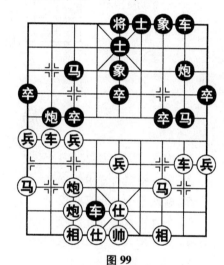

图99

26. 马八进七 士6进5	27. 车八退四 炮6平8
28. 马七进九 炮8进4	29. 仕五退四 将5平6
30. 仕六进五 卒5进1!	31. 马九进七 车4进8
32. 车八进五 士5退4	33. 炮九进一 将6进1
34. 马七退五 士6退5	35. 车八退二 车4退6!
36. 炮九退一 将6进1	37. 车八平六 士5进4
38. 马五退六 车8平4	39. 马六退八 炮8退4
40. 炮七进五 士4退5	41. 炮七平九 卒7进1
42. 马八进九 车4平2!	43. 相三进一 炮8退2
44. 兵九进一 炮8平5	45. 仕五退六 炮5进3（图100）

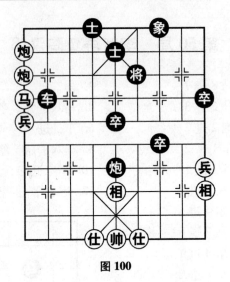

图 100

第51局　吕钦负邬正伟

1. 炮二平五　马2进3	2. 马二进三　马8进7
3. 车一平二　车9平8	4. 马八进九　卒7进1
5. 炮八平七　炮2进2	6. 车二进六　马7进6
7. 车九平八　车1平2	8. 车八进四　象3进5
9. 兵九进一　士4进5	10. 炮七进四　卒7进1

11. 车二平四　炮8进3
12. 车八平三　车8进4
13. 车三平四　马6退8
14. 前车平三　车2平4（图101）
15. 仕六进五　炮2平7!
16. 车四进一?　车4进5
17. 炮五平七　炮8进1
18. 兵三进一　车4平7
19. 相七进五　炮8平7!
20. 马三退一　车7平1
21. 车三平二　后炮进5
22. 马一退三　车8平6
23. 相五进七　车6进2

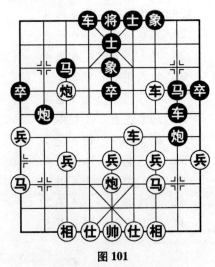

图 101

24. 兵五进一	车6平4	25. 马三进四	车1退1
26. 车二平三	象5进7!	27. 车三平四	车1平3
28. 仕五退六	车4平5	29. 仕四进五	车3退1
30. 相七退五	车3平2	31. 炮七进五	车2进4
32. 相五进七	车2退5	33. 炮七退一	车2平8
34. 车四平二	车8进1		
35. 炮七平二	卒1进1		
36. 马九进八	炮7平6!		
37. 马八进七	车5退1		
38. 炮二退五	卒1进1		
39. 炮二平一	车5平8		
40. 仕五退四	车8平5		
41. 仕四进五	车5平8		
42. 仕五退四	卒5进1		
43. 炮一进五	车8退2!		
44. 马七退五	车8平9		
45. 马五退四	车9平6（图102）		

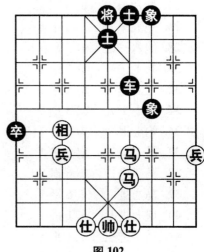

图 102

第52局 徐健秒负孙勇征

1. 炮二平五	马8进7
2. 马二进三	车9平8
3. 车一平二	马2进3
4. 马八进九	卒7进1
5. 炮八平七	车1平2
6. 车九平八	象3进5
7. 车八进四	炮2进2
8. 车二进六	马7进6
9. 车二平四	卒3进1
10. 兵三进一	炮8平7
11. 兵三进一	卒3进1
12. 车八平七	炮2平7
13. 车四退一	前炮进5

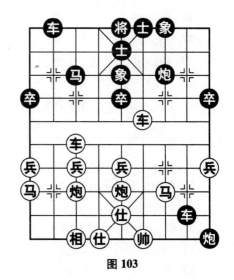

图 103

14. 仕四进五　前炮平9　　　　15. 帅五平四　车8进9

16. 帅四进一　车8退1　　　　17. 帅四退一　士4进5（图103）

18. 车七进三　炮7平3　　　　19. 炮七进五　车2进3！

20. 炮七退三　车8进1　　　　21. 帅四进一　车8退3

22. 炮七平六？炮9平3　　　　23. 车四进一　车2进4！

24. 炮六退二　炮3退1　　　　25. 帅四进一　车8进2！

26. 炮五平八　车8平6　　　　27. 帅四平五　车6退5

28. 炮八平七　炮3平1　　　　29. 兵七进一　炮1退2

30. 兵七进一　象5进3　　　　31. 马九进七　车6进1

32. 仕五退四　炮1平2　　　　33. 帅五退一　炮2退3

34. 炮七平九　象3退5　　　　35. 炮六平七　炮2进3

36. 炮七退一　车6进3！

37. 马七退五　炮2进1

38. 马三进二　车6退2

39. 马二进一　车6平1

40. 炮七进七　车1进1

41. 马一进三　车1平5

42. 马三退四　车5退2

43. 马四进二　将5平4

44. 炮七退七　车5平4

45. 帅五平四　炮2进1

46. 炮七进一　车4平8

47. 马二进三　车8进4

48. 帅四进一　炮2退1（图104）

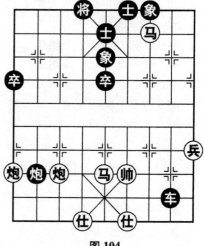

图104

第53局　洪智胜卜凤波

1. 炮二平五　马8进7　　　　2. 马二进三　马2进3

3. 车一平二　车9平8　　　　4. 马八进九　卒7进1

5. 炮八平七　车1平2　　　　6. 车九平八　炮2进2

7. 车二进六　马7进6　　　　8. 车八进四　象3进5

9. 车二平四　卒3进1　　　　10. 兵三进一　炮8平7

11. 兵三进一　炮7进5　　　　12. 炮七平三　马6进5（图105）

13. 车四退三　马5退4　　　　14. 兵三进一　士4进5

15. 兵三进一　车8进3
16. 炮三进二　马4退6
17. 炮五平三!　象7进9
18. 仕四进五　马3进4
19. 马九退七　卒3进1
20. 车八平七　马6进7
21. 车七平三　炮2平3
22. 炮三退一　车2进8
23. 车三平七　车8平7
24. 马七进五　车2退1
25. 兵三平四　士5进6
26. 车四进四　士6进5
27. 车四退四　车2退2?

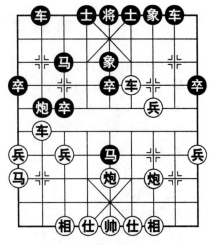

图 105

28. 相七进九　炮3平1
29. 相九退七　炮1平3
30. 相七进九　炮3平1
31. 相九退七　炮1平3
32. 相七进九　车2平3
33. 兵七进一　炮3退4
34. 车四平六　车7进1
35. 马五进三　车7平5
36. 炮三平一　车5平7
37. 炮一平三　车7平5
38. 相三进五　炮3平4
39. 车六平八　炮4平3
40. 炮三平二　马4进3
41. 炮二进八!　马3进5
42. 炮二平七　马5进7
43. 马三退四　车5平6
44. 仕五进四　车6进3
45. 炮七平九!　将5平6
46. 车八进六　将6进1
47. 炮九退一　士5进4
48. 车八退一　将6退1
49. 车八退七 (图106)

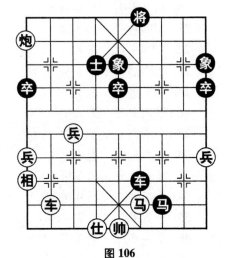

图 106

第54局　胡荣华负吕钦

1. 炮二平五　马8进7
2. 马二进三　车9平8
3. 车一平二　马2进3
4. 马八进九　卒7进1
5. 炮八平七　炮2进2
6. 车二进六　马7进6
7. 车九平八　车1平2
8. 车八进四　象3进5
9. 车二平四　马6进7
10. 车八平二　车2进1
11. 车二平四　士4进5
12. 前车平二　卒3进1（图107）
13. 炮五平四　车2平4
14. 仕四进五　车8进1
15. 车四退一?　卒7进1
16. 相三进一　炮2退1
17. 车二退一　车4进3!
18. 车二平六　马3进4
19. 相一进三　炮8平7
20. 马九退七　马4进5
21. 车四进一　马3退4
22. 车四平六　车8进3
23. 炮四退二　车8平7

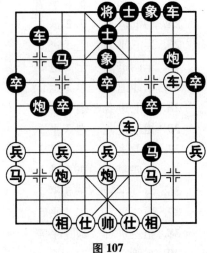

图107

24. 马七进五　炮7进3!
25. 马五进三　炮7进2
26. 炮四平三　炮2平4
27. 车六平九　炮7平5!
28. 马三退五　车7进5
29. 仕五退四　马4进5
30. 车九进二　炮4进1
31. 炮七退一　炮4平8
32. 车九平五　马5进7
33. 炮七平二　马7退9
34. 炮二进二　马9进8
35. 仕六进五　车7退4
36. 车五平一　车7平3
37. 炮二平七　马8退7
38. 车一平二　炮8平7!
39. 车二退三　马7退5
40. 帅五平六　车3平2
41. 炮七平三　车2进4
42. 炮三退三　炮7平5
43. 帅六进一　车2退6
44. 炮三进二　车2进5
45. 帅六退一　车2进1
46. 帅六进一　卒3进1
47. 仕五进四　炮5平4
48. 炮三退一　车2平3
49. 帅六平五　炮4平5（图108）

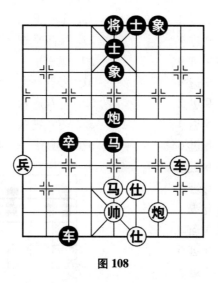

图 108

第 55 局　李来群胜陶汉明

1. 炮二平五	马8进7	2. 马二进三	卒7进1
3. 车一平二	车9平8	4. 马八进九	马2进3
5. 炮八平七	车1平2	6. 车九平八	炮2进2
7. 车二进六	马7进6	8. 车八进四	象3进5
9. 车二平四	卒3进1	10. 兵三进一	炮8平7

11. 兵三进一　炮7进5

12. 炮七平三　马6进5

13. 车四退三　马5退4

14. 兵三进一　士4进5（图109）

15. 兵九进一　卒3进1

16. 车八平七　炮2进2?

17. 车四进五！炮2退5

18. 炮五进五！马4退5

19. 车四退三　马3退4

20. 车四平二　车8平9

21. 兵三平四　炮2平1

22. 车七平三！马5退7

23. 炮三进六　炮1平7

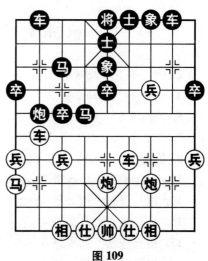

图 109

24. 车三进四	车2进3	25. 车三退二	马4进5
26. 车三平二	卒9进1	27. 兵四平五	马5退7
28. 前车平三	马7进9	29. 车三平一	车2平5
30. 车一平五	马9进8	31. 车五平九	象7进5
32. 马九进八	车9进2	33. 马八进六	车9平6
34. 车九进一	士5退4	35. 马六进八	士6进5
36. 车九退二	马8进6	37. 车九平一	将5平6
38. 仕六进五	马6进8		
39. 车一平六	车6进4		
40. 兵七进一	将6进1		
41. 马八进七	象5退3		
42. 马七退六	士5进6		
43. 帅五平六	士4进5		
44. 相三进五	马8退6		
45. 车六平四	车6平4		
46. 帅六平五	马6进8		
47. 马六退五	象3进5		
48. 兵九进一	车4平5		
49. 马五进四	车5退3		
50. 马四进二	将6退1		
51. 马二退一!（图110）			

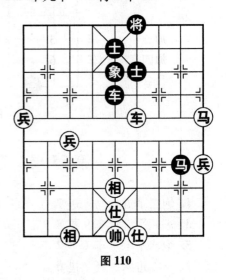

图 110

第56局　赵国荣负柳大华

1. 炮二平五	马8进7	2. 马二进三	车9平8
3. 车一平二	马2进3	4. 马八进九	卒7进1
5. 炮八平七	炮2进2	6. 车二进六	马7进6
7. 车九平八	车1平2	8. 车八进四	象3进5
9. 炮七退一	车8进1（图111）	10. 兵七进一	卒7进1
11. 车二平四	马6进7	12. 车四平二	马7进5
13. 相三进五	炮2平7!	14. 车八进五	马3退2
15. 马三退一	马2进4	16. 马一进二	炮7退3
17. 相五进三	马4进6	18. 车二平四	士4进5
19. 相三退五	炮7平6	20. 车四平一	炮8平7

21. 车一平三　车8进5

22. 车三进一　炮6平9

23. 兵九进一　车8平9

24. 马九进八　车9平5

25. 炮七平五　车5平2

26. 炮五进五　马6进5！

27. 马八进九　炮9进8

28. 仕四进五　车2平8

29. 帅五平四　车8进3

30. 帅四进一　车8退6！

31. 马九进七　马5进4

32. 车三平四？车8平5！

33. 马七退五　士5进6

34. 马五退六　炮9退8

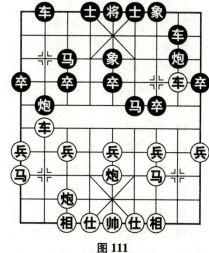

图 111

35. 仕五进六　马4退6

37. 马六进四　炮9进4

36. 帅四平五　马6退4

38. 兵九进一　炮9平5

39. 帅五平四　炮5退1

40. 兵九进一　士6进5

41. 帅四退一　士5进4

42. 仕六进五　士6退5

43. 帅四平五　炮5退1

44. 马四进六　将5平6

45. 帅五平六　马4进3

46. 帅六平五　马3进2

47. 兵九平八　炮5进3

48. 马六退四　马2退4

49. 帅五平四　炮5进2

50. 兵八平七　炮5平9

51. 前兵平六　炮9退4（图112）

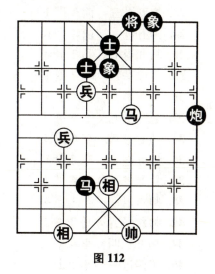

图 112

第 57 局　刘殿中胜徐天红

1. 炮二平五　马2进3

2. 马二进三　马8进7

3. 马八进九　卒7进1

4. 炮八平七　车9平8

5. 车九平八　车1平2

6. 车一平二　炮2进2

7. 车二进六　马7进6

8. 车八进四　象3进5

9. 炮七进四　卒7进1

10. 车二平四　马6进7

11. 炮五退一　车2进3

12. 车四平二　车2平3（图113）

13. 车八进一　车3平4

14. 车八退一　车4进4

15. 车八平三　车4平7

16. 相三进五　车8进1

17. 车三进三!　车8平4

18. 车二进一　车4进7

19. 兵七进一!　马3进2

20. 车二退四!　车7平5

21. 车三退四　士4进5

22. 兵五进一　车5平4

23. 炮五平三　前车进1

24. 帅五进一　前车平6

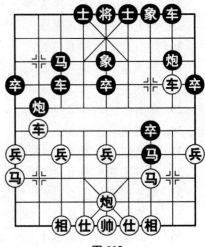

图113

25. 车三平四　车6平3

26. 马九退七!　马2退4

27. 车四平六　车4平7

28. 车二平三　车7退1

29. 车六平三　马4进5

30. 车三平五　马5退7

31. 帅五平六　士5进4

32. 炮三平五　士6进5

33. 兵九进一　车3平6

34. 马七进八　车6退4

35. 马八退六　车6平4

36. 炮五进五　车4退2

37. 炮五退二　车4进2

38. 兵七进一　车4平1

39. 兵七进一　车1进3

40. 帅六退一　车1退4

41. 马六进四!　车1平4

42. 帅六平五　马7进5

43. 车五进一　车4进2

44. 车五平四　车4平5

45. 帅五平四　卒9进1

46. 车四进一　车5退3

47. 马四进六　车5平9

48. 兵七进一　卒9进1

49. 兵七平六　卒9进1

50. 兵六进一　车9平4

51. 马六进七（图114）

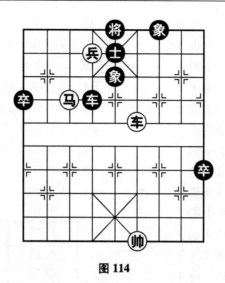

图 114

第58局　蔡福如负刘文哲

1. 炮二平五　　马8进7
2. 马二进三　　车9平8
3. 车一平二　　马2进3
4. 马八进九　　卒7进1
5. 炮八平七　　炮2进2
6. 车二进六　　马7进6
7. 车九平八　　车1平2
8. 车八进四　　象3进5
9. 兵九进一　　士4进5
10. 车二退二　　卒3进1
11. 仕六进五　　卒7进1
12. 车二平三　　马3进4（图115）
13. 炮七平八　　卒3进1
14. 车八平七　　车2平4
15. 炮八进一　　炮8进5
16. 车三平五　　车8进3
17. 仕五退六　　车8进3
18. 车五平三　　炮8平5
19. 相三进五　　车8进2！
20. 车三平五　　车8平2
21. 炮八进一　　马6进7
22. 车五平六　　马7进5！
23. 相七进五　　车2退1

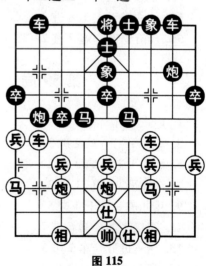

图 115

24. 仕四进五　车2平1　　25. 车六退二? 车1退2
26. 炮八退三　车1进3　　27. 炮八退一　车1退2
28. 炮八平七　炮2退2　　29. 车六平八　炮2平4
30. 车七进二　炮4进1　　31. 兵七进一　马4进5
32. 马三进四　卒5进1　　33. 车八平六　炮4进2!
34. 马四进二　象5进7　　35. 车七平五　马5退3!
36. 车六平七　炮4平5　　37. 车五平四　马3进5
38. 车七进三　象7进5　　39. 车七平八　炮5进2
40. 仕五进六　马5退3　　41. 帅五平四　马3进4
42. 炮七进六　车1进3
43. 炮七平六　马4退3
44. 车八平六　车4进3
45. 车六进一　马3退4
46. 车四平六　车1退1
47. 车六平一　炮5平7
48. 兵一进一　卒5进1
49. 车一平五　车1平8
50. 兵一进一　卒5进1
51. 帅四平五　卒1进1
52. 车五退二　卒1进1
53. 车五平三　卒5进1
54. 仕六进五　车8进3
55. 仕五退四　炮7进2（图116）

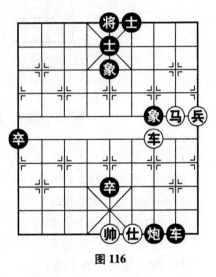

图 116

第59局　王嘉良胜刘剑青

1. 炮二平五　马8进7　　2. 马二进三　车9平8
3. 车一平二　马2进3　　4. 马八进九　卒7进1
5. 炮八平七　炮2进2　　6. 车二进六　马7进6
7. 车九平八　车1平2　　8. 车八进四　象3进5
9. 兵九进一　士4进5　　10. 炮七进四　卒7进1
11. 车二平四　马6进7　　12. 车八平三　马7进5
13. 相三进五　车2进3　　14. 车三平七　炮2进3（图117）
15. 车七平八　车2平3　　16. 车八退二　炮8进5

17. 车八退一　车3平4
18. 车四退二　车8进6
19. 马九进八　将5平4
20. 仕四进五　车8平9
21. 兵七进一　车9进3
22. 车四退四　车9平6
23. 帅五平四　卒5进1
24. 帅四平五　马3进5
25. 兵七进一！马5进7
26. 相五进三　将4平5
27. 兵七进一　车4平6
28. 相七进五　车6进3
29. 马八进六　炮8平5
30. 仕五退四　士5退4
32. 仕四进五　炮6进1
34. 马三进二　车6退3
36. 马二进三！炮6退3
38. 马三进二　将6进1
40. 马五退六　炮6平3
42. 马六退八　车3退3
44. 马八进九　卒5进1
45. 相三退五　炮3进1
46. 马三退五　卒5平4
47. 帅五平四　车3进1
48. 车七平八　炮3平1
49. 兵九进一　将5退1？
50. 车八进六　车3进5
51. 马九退七！车3平5
52. 马七进六　将5平6
53. 车八平一　马7退8
54. 车一平二　车5平8
55. 马五进三　炮1平6
56. 车二进一（图118）

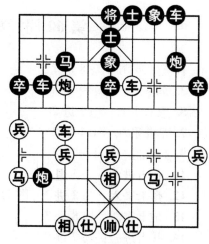

图 117

31. 车八进一　炮5平6
33. 马六进八　士6进5
35. 马八进七　将5平6
37. 车八平四　士5进6
39. 马七退五！将6平5
41. 车四平七　车6平3
43. 马二退三　象7进5

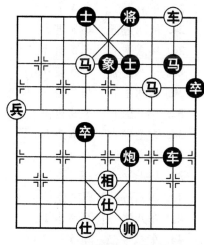

图 118

第 60 局　杨官璘胜李义庭

1. 炮二平五　马8进7
2. 马二进三　马2进3
3. 车一平二　车9平8
4. 马八进九　卒7进1
5. 炮八平七　炮2进2
6. 车二进六　马7进6
7. 车九平八　车1平2
8. 车八进四　象3进5
9. 兵九进一　士4进5
10. 车二退二　马6进7
11. 兵七进一　马7退8
12. 车二平六　马8进7（图119）
13. 炮七进四　炮8平7

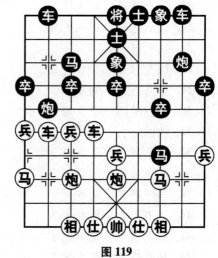

图 119

14. 兵七进一!　马7进5
15. 相三进五　炮7进5
16. 兵七平八　炮7平1
17. 相七进九　车8进6
18. 车六进五!　卒7进1
19. 相五进三　车2平4
20. 兵八进一　车4进6
21. 兵八进一　卒5进1!
22. 车五进一　车8平5
23. 车五退二　车4平5
24. 仕四进五　马3进5
25. 炮七平六　马5进7
26. 兵八平七　车5退3
27. 炮六退四　车5进2
28. 车八进五　士5退4
29. 兵七进一　车5平4
30. 炮六平七　马7退5
31. 车八退三　马5进3
32. 相三退五　卒9进1
33. 相九进七　车4进1
34. 炮七平六　士6进5
35. 相五退三　车4平9
36. 炮六平五!　车9平7
37. 相三进一　车7平5
38. 兵七平六　车5退3
39. 车八退三　马3进1?
40. 车八进一　马1退2
41. 炮五平八　马2退4
42. 车八进一!　卒9进1
43. 相一退三　卒9平8
44. 车八平二　车5平2
45. 炮八平五　车2平7
46. 车二退一　车7进6
47. 仕五退四　车7退3
48. 车二平六　车7平5
49. 车六进二!　象5进7

50. 仕四进五　象 7 退 9
51. 帅五平四　象 7 进 5
52. 炮五平六　车 5 平 6
53. 帅四平五　将 5 平 6
54. 炮六平四　将 6 平 5
55. 炮四平五　将 5 平 6
56. 兵六进一　马 4 退 2
57. 炮五进六　车 6 退 5
58. 炮五平七　象 9 退 7
59. 仕五进四（图 120）

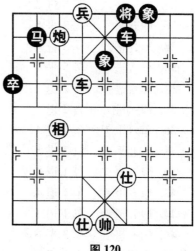

图 120

第 61 局　卜凤波胜李来群

1. 炮二平五　马 8 进 7
2. 马二进三　车 9 平 8
3. 车一平二　马 2 进 3
4. 马八进九　卒 7 进 1
5. 炮八平七　炮 2 进 2
6. 车二进六　马 7 进 6
7. 车九平八　车 1 平 2
8. 车八进四　象 3 进 5
9. 兵九进一　卒 3 进 1
10. 车二退三　士 4 进 5
11. 炮七退一　马 6 进 7
12. 车二平三　炮 8 平 7
13. 车三平四　炮 7 进 5
14. 兵七进一　卒 3 进 1
15. 车八平七　炮 7 平 1（图 121）
16. 相七进九　马 3 进 4
17. 兵五进一　炮 2 进 5
18. 相九退七　车 8 进 3
19. 炮七平三！车 2 平 4？
20. 车七平六　马 4 退 3
21. 车六进五　马 3 退 4
22. 车四平八　炮 2 平 1
23. 车八平九　炮 1 平 2

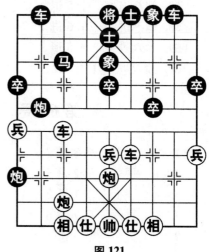

图 121

24. 炮三平八! 车8进2　　25. 车九退三　炮2平4

26. 帅五平六　车8平5　　27. 炮八进八　马4进3

28. 车九平八　马3进4　　29. 车八进五　马4进3

30. 车八进一　车5平1　　31. 车八平六! 马3进2

32. 帅六进一　马2退3　　33. 帅六退一　马3进2

34. 帅六进一　马2退3　　35. 帅六退一　士5进4

36. 车六平五　车1进4　　37. 车五平七　象5进3

38. 车七平五　象7进5　　39. 车五平八　士6进5

40. 炮五退二! 车1退4　　41. 炮五进六　车1进4

42. 炮五退六　车1退4　　43. 炮五进六　车1进4

44. 炮五退六　车1退1　　45. 炮五进六　车1平3

46. 相七进五　车3平6　　47. 仕四进五　马3进5

48. 炮五平七! 将5平6

49. 炮七进三　将6进1

50. 炮七退一　士5退4

51. 炮八退一　将6退1

52. 车八平二　象5退7

53. 炮七进一　士4进5

54. 炮八进一　将6进1

55. 车二进二　将6进1

56. 炮七退二　象3退5

57. 炮八退一　士5退4

58. 炮七进一　车6进1

59. 帅六进一　马5退3

60. 帅六进一 (图122)

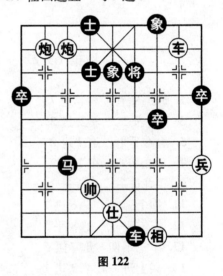

图 122

第62局　胡荣华胜赵国荣

1. 炮二平五　马8进7　　2. 马二进三　车9平8

3. 车一平二　马2进3　　4. 马八进九　卒7进1

5. 炮八平七　车1平2　　6. 车九平八　炮2进2

7. 车二进六　马7进6　　8. 车八进四　象3进5

9. 兵九进一　卒3进1　　10. 车二退三　士4进5

11. 炮七退一　马6退7　　12. 车二进一　马7进6 (图123)

13. 炮五平六　卒 7 进 1

14. 车二平三　马 3 进 4

15. 车八退一　卒 3 进 1

16. 车三平七　马 4 进 5

17. 马三进五　炮 2 平 5

18. 马五进四　车 2 进 6

19. 车七进二！炮 8 进 5

20. 车七平五　车 2 退 2

21. 马九进八　车 8 进 4

22. 炮六进三！车 2 进 1

23. 车五退一　炮 8 进 2

24. 炮七平三　车 2 平 6

25. 仕六进五　炮 8 平 9？

26. 车五进二！象 7 进 5

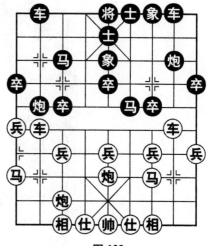

图 123

27. 炮六平二　士 5 进 6

28. 马四进六　士 6 进 5

29. 马六进七　将 5 平 4

30. 炮二平六　车 6 平 4

31. 马七退八　炮 9 平 8

32. 炮三平二　将 4 平 5

33. 相七进五　将 5 平 6

34. 兵七进一　卒 9 进 1

35. 兵三进一　车 4 进 1

36. 炮二进五　车 4 平 6

37. 炮二退四　车 6 退 2

38. 炮六进一　象 5 退 3

39. 马八进七　士 5 进 4

40. 炮六平八　车 6 退 1

41. 兵七进一　象 3 进 5

42. 炮八平六　车 6 平 5

43. 炮六退二　象 5 退 3

44. 兵三进一　车 5 平 6

45. 炮六平八　车 6 进 2

46. 炮八进四　士 6 退 5

47. 炮八退五　车 6 进 1

48. 炮八进一　车 6 退 1

49. 炮八退一　车 6 进 1

50. 炮八进一　士 5 进 6

51. 兵三进一　炮 8 退 1

52. 兵三进一　士 4 退 5

53. 兵三进一　炮 8 平 7

54. 兵三进一！将 6 进 1

55. 炮八进四　车 6 平 8

56. 炮二平四　车 8 平 6

57. 相五进七　象 3 退 5

58. 仕五进六！炮 7 平 4

59. 马七退五　士 5 退 4

60. 马五退七（图 124）

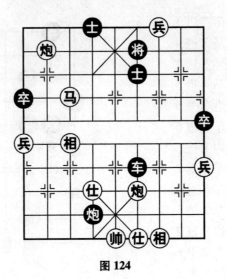

图 124

第二章　右车巡河

第 63 局　徐健秒胜胡庆阳

1. 炮二平五　马 8 进 7
2. 马二进三　车 9 平 8
3. 车一平二　马 2 进 3
4. 马八进九　卒 7 进 1
5. 炮八平七　车 1 平 2
6. 车九平八　炮 2 进 4
7. 车二进四　炮 8 平 9
8. 车二平四　车 8 进 1 （图 125）
9. 兵九进一　车 8 平 2
10. 兵三进一　卒 7 进 1
11. 车四平三　马 7 进 6
12. 车八进一　象 7 进 5
13. 车八平四　马 6 进 5?
14. 车三平四!　炮 9 平 6
15. 前车进三　士 4 进 5
16. 前车进一　马 5 进 3
17. 马三退五!　前马退 5
18. 炮五平二!　将 5 平 4
19. 后车进三　前车进 3
20. 后车平六　马 5 退 4
21. 马九进八 （图 126）

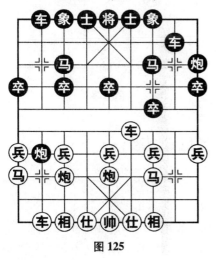

图 125

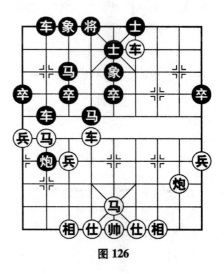

图 126

第64局　黄华胜刘宗泽

1. 炮二平五　马8进7	2. 马二进三　车9平8
3. 车一平二　马2进3	4. 马八进九　卒7进1
5. 炮八平七　车1平2	6. 车九平八　炮2进4
7. 车二进四　炮8平9	8. 车二平四　象7进5
9. 兵九进一　炮9退1	10. 马九进八　炮9平2（图127）
11. 车八进一　前炮平5?	12. 马三进五！炮2进7
13. 马五进六　车2进4	14. 马六进七　士6进5
15. 炮七进四！车2退2	16. 马八进六　车8平6
17. 车四平二　卒5进1	18. 车二进二　马7进6
19. 仕四进五　卒5进1	20. 马六进四！车2平3
21. 马四进三　车6进1	22. 炮七平五（图128）

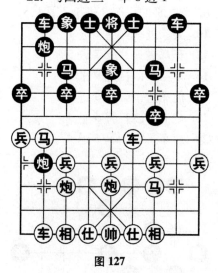

图127

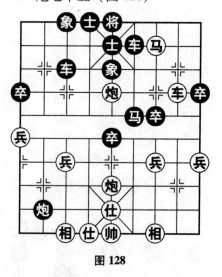

图128

第65局　徐健秒胜康德荣

1. 炮二平五　马2进3	2. 马二进三　马8进7
3. 车一平二　车9平8	4. 马八进九　卒7进1
5. 炮八平七　车1平2	6. 车九平八　炮2进4
7. 车二进四　炮8平9	8. 车二平四　车8进6

9. 兵九进一　炮2退2	10. 兵七进一　车8平7（图129）
11. 兵七进一　卒3进1	12. 马九进七！卒7进1？
13. 车四进四　车7平8	14. 车八进四　士4进5
15. 马七进八　马3进2	16. 车八平三　车8退4
17. 马三进二！马2进1	18. 炮七退一　车2进8
19. 炮七平三　车8进3	20. 车三进三　将5平4
21. 炮三进八　将4进1	22. 炮三退一　将4退1
23. 炮三平五　车2平4	24. 前炮平六！（图130）

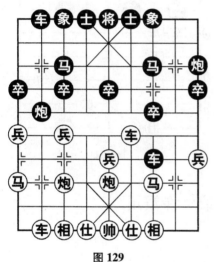

图 129

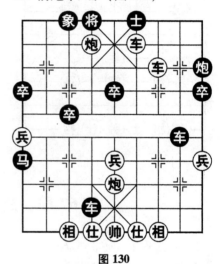

图 130

第 66 局　霍羡勇负李智屏

1. 炮二平五　马8进7	2. 马二进三　车9平8
3. 车一平二　马2进3	4. 马八进九　卒7进1
5. 炮八平七　车1平2	6. 车九平八　炮2进4
7. 车二进四　象3进5	8. 兵九进一　炮2退2（图131）
9. 车二平四　马7进8	10. 兵三进一　炮8平7
11. 兵三进一　马8进9！	12. 车四退二　车8进6
13. 车八进四？马9进8！	14. 车四进五　炮7进5
15. 炮七平三　车8平7	16. 炮三平二　车7进1
17. 车四平二　卒3进1	18. 兵三平四　马8进6！
19. 帅五平四　车7进2	20. 帅四进一　车2进1

21. 车二退三　车2平7　　22. 兵四平三　后车进3

23. 炮五退一　卒3进1　　24. 车二平七　马3进4

25. 炮五进五　象5退3（图132）

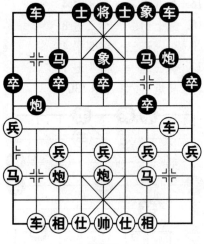

图 131

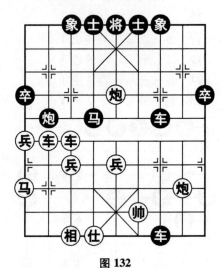

图 132

第67局　赵国荣负许银川

1. 炮二平五　马8进7　　2. 马二进三　车9平8

3. 车一平二　马2进3　　4. 马八进九　卒7进1

5. 炮八平七　车1平2

6. 车九平八　炮2进4

7. 车二进四　炮8平9

8. 车二平四　车8进1

9. 兵九进一　车8平2

10. 车八进一　前车进3（图133）

11. 车八平四　前车平4

12. 前车进二　车4进3

13. 炮七进四　炮2进1

14. 前车平三　车4退5

15. 马三退五　车4进6!

16. 车三进一　士4进5

17. 车四进七　将5平4

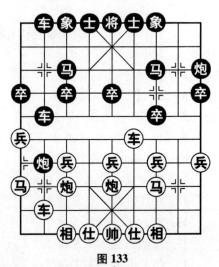

图 133

18. 炮五平六　车4退1
19. 马五进七　象3进5
20. 兵七进一　炮9进4!
21. 兵三进一　车4退4
22. 马九进八　炮9退1
23. 兵五进一?　炮9平5
24. 兵七进一　车4进6!
25. 帅五进一　车4退1
26. 帅五退一　车2进5!（图134）

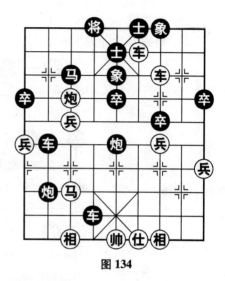

图 134

第68局　唐丹胜冯晓曦

1. 炮二平五　马8进7　　2. 马二进三　车9平8
3. 车一平二　马2进3　　4. 马八进九　卒7进1
5. 炮八平七　车1平2　　6. 车九平八　炮2进4
7. 车二进四　炮8平9　　8. 车二平四　车8进1
9. 兵九进一　车8平2　　10. 兵三进一　卒7进1
11. 车四平三　马7进8
12. 兵五进一　象3进5（图135）
13. 兵五进一!　卒5进1
14. 车三进五　炮9平7
15. 马三进四　炮7进4
16. 车三退五　马8进6
17. 车三平四　炮7平5?
18. 炮五进三!　马3进5
19. 车四平五　炮5平8
20. 炮七平五　前车平4
21. 仕六进五　车4进3
22. 兵七进一　将5进1
23. 车五退一!　炮2进1

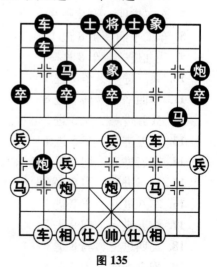

图 135

24. 前炮退一　炮 8 进 1　　　　**25.** 车五平二　将 5 平 4
26. 后炮平六（图 136）

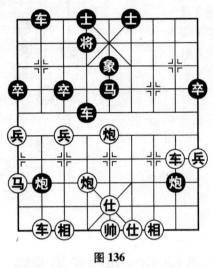

图 136

第 69 局　孙博胜黄辉

1. 炮二平五　马 8 进 7　　　　**2.** 马二进三　车 9 平 8

3. 车一平二　马 2 进 3　　　　**4.** 马八进九　卒 7 进 1

5. 炮八平七　车 1 平 2　　　　**6.** 车九平八　炮 2 进 4

7. 车二进四　炮 8 平 9

8. 车二平四　车 8 进 1

9. 兵九进一　车 8 平 2

10. 兵三进一　卒 7 进 1

11. 车四平三　马 7 进 8

12. 兵五进一　象 3 进 5

13. 兵五进一　卒 5 进 1

14. 车三进五　炮 9 平 7（图 137）

15. 马三进四　炮 2 平 9?

16. 车八进八　车 2 进 1

17. 炮五进一　炮 9 平 7

18. 马四进三!　马 8 退 6

19. 炮七平四　士 4 进 5

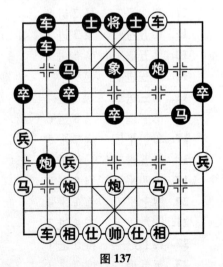

图 137

20. 炮五进四　将5平4　　　21. 炮四进七！车2进7
22. 炮四退二　将4进1　　　23. 炮五平三　炮7平5
24. 炮四进一　士5退6　　　25. 车三平四　马3进5
26. 炮四平一（图138）

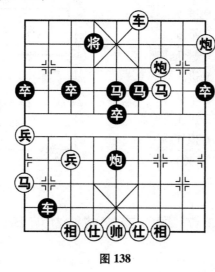

图 138

第70局　汪洋胜蒋川

1. 炮二平五　马8进7　　　2. 马二进三　车9平8
3. 车一平二　马2进3
4. 马八进九　卒7进1
5. 炮八平七　车1平2
6. 车九平八　炮2进4
7. 车二进四　炮8平9
8. 车二平四　象7进5
9. 兵九进一　炮9退1
10. 炮五平六　车8进6（图139）
11. 相七进五　车8平7
12. 兵七进一！卒7进1
13. 车四进三　马7进8
14. 仕六进五　车7平6
15. 车四平二　马8进9?

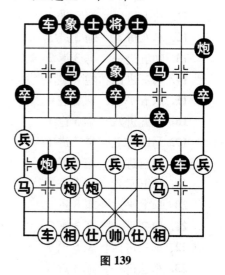

图 139

16. 兵七进一　马3退5
17. 炮七进一!　马5退7
18. 车二退一　车6退2
19. 炮七平一　马7进6
20. 车二平五　炮9进5
21. 马三进一　卒7平6
22. 车五平七　马6进7
23. 相五进三　卒9进1
24. 马一进二　卒6平7
25. 马二进一　车2进1
26. 车七平三　车6退3
27. 炮六进三!（图140）

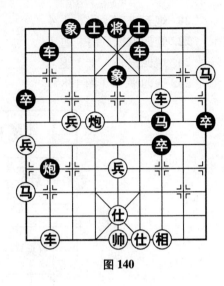

图 140

第71局　李定威胜胡荣华

1. 炮二平五　马8进7
2. 马二进三　卒7进1
3. 车一平二　车9平8
4. 马八进九　马2进3
5. 炮八平七　车1平2
6. 车九平八　炮2进4
7. 车二进四　象7进5
8. 兵九进一　炮8退1（图141）
9. 兵三进一　卒7进1
10. 车二平三　车8平7
11. 兵七进一　炮2平3
12. 车八进九　炮3进3
13. 帅五进一　马3退2
14. 马三进四　炮8平1?
15. 炮五平三!　炮1进4
16. 马九进八　卒3进1
17. 马四进五　卒3进1
18. 炮三进五　车7平8
19. 帅五平六　卒1进1
20. 炮七平八　车8进3
21. 炮三平一　卒3平2
22. 车三进四!　象5退7
23. 车三进一　象3进5

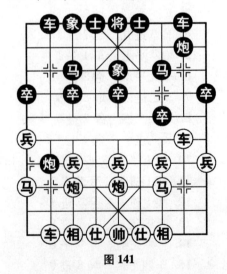

图 141

24. 车三退二　马2进4	**25.** 炮一进二　车8退3
26. 车三平五　士4进5	**27.** 马五退三！（图142）

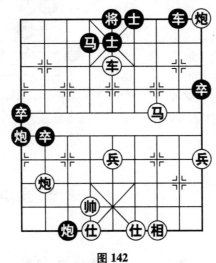

图 142

第72局　葛维蒲胜徐天红

1. 炮二平五　马8进7	**2.** 马二进三　车9平8
3. 车一平二　马2进3	**4.** 马八进九　卒7进1
5. 炮八平七　车1平2	**6.** 车九平八　炮2进4
7. 车二进四　炮8平9	
8. 车二平四　车8进1	
9. 兵九进一　车8平2	
10. 兵三进一　卒7进1	
11. 车四平三　马7进8	
12. 车三进五　炮9平7（图143）	
13. 车三平二　前车进3	
14. 车八进三！前车进2	
15. 车二退四　后车进4	
16. 车二进二　后车平7	
17. 相三进一　士4进5	
18. 马三进四　卒3进1	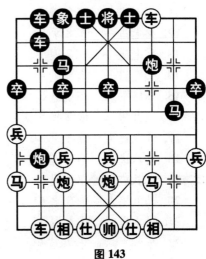
19. 炮七进三　象3进5	图 143

20. 炮七进一　卒9进1
21. 马四进三！车2退3?
22. 马三进五　士5进6
23. 马五进七　将5进1
24. 车二进一　炮7退1
25. 炮七退二　车2退2
26. 炮七平三　炮7平6
27. 炮三平五！（图144）

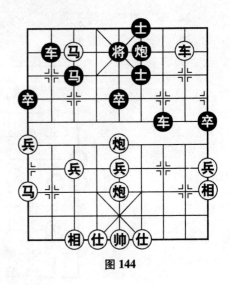

图 144

第73局　于幼华负吕钦

1. 炮二平五　马8进7
2. 马二进三　车9平8
3. 车一平二　马2进3
4. 马八进九　卒7进1
5. 炮八平七　车1平2
6. 车九平八　炮2进4
7. 车二进四　炮8平9
8. 车二平四　车8进6
9. 兵九进一　炮2退2
10. 兵七进一　炮2进2（图145）
11. 炮七进一　车8进2
12. 兵七进一　车8平7！
13. 兵七进一　车7退1
14. 兵七进一　炮9进4
15. 车四平八　车2进5
16. 马九进八　炮2平5
17. 仕六进五　象3进5
18. 马八进六　炮9进3！
19. 车八进四　车7进2
20. 帅五平六　炮5平6！
21. 马六进八　炮6退5
22. 车八平六　车7退3
23. 帅六进一　车7平3

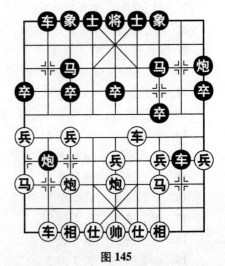

图 145

24. 马八进七　将5进1　　25. 马七退五　车3进2
26. 帅六进一　炮9退2　　27. 仕五进四　车3退1
28. 帅六退一　炮9平5（图146）

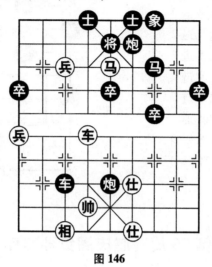

图146

第74局　郑亚生胜阮成保

1. 炮二平五　马8进7　　2. 马二进三　马2进3
3. 车一平二　车9平8　　4. 马八进九　卒7进1
5. 炮八平七　车1平2
6. 兵七进一　炮8进2
7. 车九平八　炮2进4
8. 车二进四　象7进5（图147）
9. 兵三进一　炮2退1
10. 马三进四！炮2平6
11. 兵三进一　车2进9
12. 马九退八　炮6退4
13. 炮五平三！炮6平8
14. 车二平四　马7退5？
15. 兵三平二　炮8平7
16. 相七进五　车8进4
17. 车四进四　炮7进2

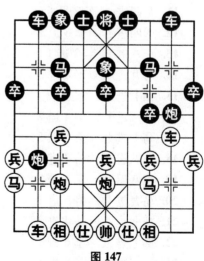

图147

18. 炮七进四　炮7退1
19. 马八进七　马3退2
20. 马七进六　马5进3
21. 马六进四　车8退2
22. 炮七平一　炮7退2
23. 兵七进一　象5进3
24. 炮一进三　士4进5
25. 车四平三　象3进5
26. 炮三进七　象5退7
27. 车三进一　车8平9
28. 马四进二！（图148）

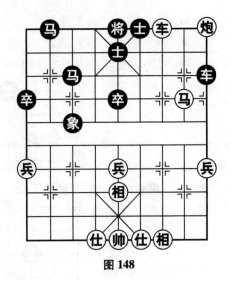

图148

第75局　赵庆阁负孙志伟

1. 炮二平五　马8进7
2. 马二进三　卒7进1
3. 马八进九　马2进3
4. 车一平二　车9平8
5. 炮八平七　车1平2
6. 车九平八　炮2进4
7. 车二进四　马7进6
8. 车二平四　车2进4（图149）
9. 兵九进一　象3进5
10. 炮五平四　炮8平6
11. 车四进一　车2平6
12. 炮四进五　车6退2
13. 车八进三　卒3进1
14. 马九进八　车8进5
15. 相七进五　车8平4
16. 马八进七？　车4退2
17. 马七进九　象5退3！
18. 车八进五　马3进4
19. 车八退二　车4平2
20. 马九进七　将5进1
21. 马七退八　马4进3
22. 炮七进三　车6进5！
23. 马三退二　车6进1

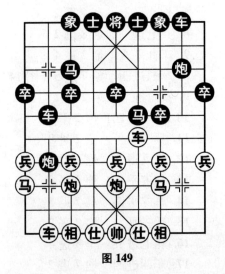

图149

24. 马二进一　马 3 进 5 　　　　　**25.** 马八退七　车 6 进 1

26. 帅五进一　车 6 平 7 　　　　　**27.** 兵一进一　马 5 退 7

28. 马一退二　车 7 平 4 （图 150）

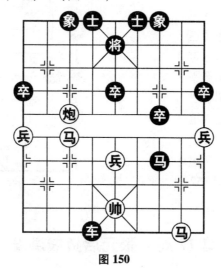

图 150

第 76 局　许银川胜谢岿

1. 炮二平五　马 8 进 7 　　　　　**2.** 马二进三　车 9 平 8

3. 车一平二　马 2 进 3 　　　　　**4.** 马八进九　卒 7 进 1

5. 炮八平七　车 1 平 2

6. 车九平八　炮 2 进 4

7. 车二进四　象 3 进 5

8. 兵九进一　炮 2 退 2 （图 151）

9. 车八进四　马 7 进 8

10. 车二平七　卒 3 进 1

11. 车七平四　马 8 进 7

12. 兵七进一　炮 8 进 3 ?

13. 车八退一　炮 8 平 3

14. 仕六进五　炮 3 进 4

15. 车四退一　马 7 退 6

16. 车四进一　卒 7 进 1

17. 车四平三　卒 3 进 1

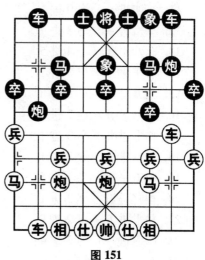

图 151

18. 车八退三! 马6退8
19. 车三平二　炮2平7
20. 马三进四　车2进9
21. 马九退八　卒3平2
22. 马四进五　炮7退3
23. 炮七进四! 车8进2
24. 车二进二　车8平7
25. 相三进一　车7进5
26. 马五进七　炮3退7
27. 炮七平五　士4进5
28. 仕五进四　车7退1
29. 马八进六（图152）

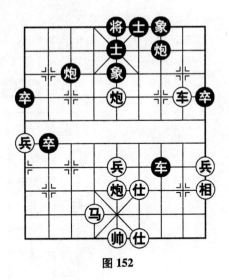

图 152

第77局　张元启负钱洪发

1. 炮二平五　马8进7	2. 马二进三　卒7进1
3. 车一平二　车9平8	4. 马八进九　马2进3
5. 炮八平七　车1平2	6. 车九平八　炮2进4
7. 车二进四　炮8平9	8. 车二平四　象3进5
9. 兵九进一　炮9退1	10. 车四进三　马7进8（图153）

11. 车四进一　炮9进1
12. 车八进一　马8进7
13. 车八平四　士4进5
14. 后车进三　卒3进1
15. 马九进八? 车8进8
16. 仕六进五　炮2进3
17. 相七进九　卒3进1!
18. 马八进七　炮2平1
19. 帅五平六　马7进5
20. 相三进五　卒3进1
21. 马七进五　车2进9
22. 帅六进一　马3进4!
23. 马五进七　将5平4

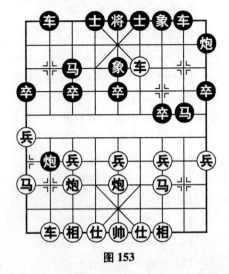

图 153

24. 炮七平六　卒 3 平 4	25. 前车进一　将 4 进 1
26. 后车平六　炮 9 平 4	27. 车四退四　卒 4 进 1!
28. 帅六进一　车 2 退 4	29. 相九进七　炮 1 平 4!（图 154）

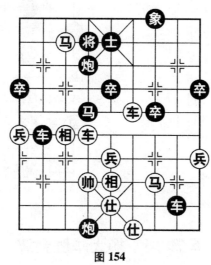

图 154

第 78 局　张江胜洪磊鑫

| 1. 炮二平五　马 8 进 7 | 2. 马二进三　车 9 平 8 |
| 3. 车一平二　马 2 进 3 | 4. 马八进九　卒 7 进 1 |

5. 炮八平七　车 1 平 2	
6. 车九平八　炮 2 进 4	
7. 车二进四　炮 8 平 9	
8. 车二平四　车 8 进 1	
9. 兵九进一　车 8 平 2	
10. 车八进一　炮 2 平 5（图 155）	
11. 车八平五!　炮 5 退 2	
12. 马三进五　炮 5 进 3	
13. 车五进一　前车进 3	
14. 仕六进五　马 7 进 8	
15. 车五平四　士 4 进 5	
16. 前车平二　卒 7 进 1	
17. 车二平三　象 7 进 5	

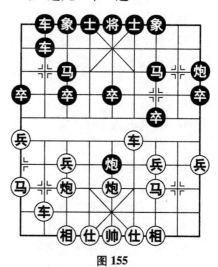

图 155

18. 马五进四　炮9平8
19. 炮七平五　马8退6?
20. 车三进二!　炮8平6
21. 车三平四　前车平4
22. 炮五平六　车4平5
23. 后车平五　炮6平7
24. 相三进一　车5进3
25. 相七进五　车2进7
26. 相五退七　卒3进1
27. 马四进二　炮7平8
28. 车四平三　车2平3
29. 炮六退二（图156）

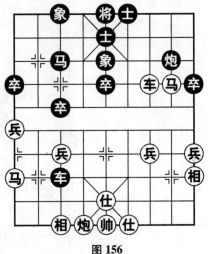

图 156

第79局　柳大华胜金波

1. 炮二平五　马8进7
2. 马二进三　车9平8
3. 车一平二　马2进3
4. 马八进九　卒7进1
5. 炮八平七　车1平2
6. 车九平八　炮2进4
7. 车二进四　象3进5
8. 兵九进一　炮2退2
9. 车八进四　马7进8
10. 车二平七　卒3进1
11. 车七平四　炮2退3
12. 兵七进一　卒3进1（图157）
13. 车四平七　炮2平3?
14. 炮五进四　士6进5
15. 炮五平七!　车2进5
16. 马九进八　炮3平1
17. 前炮平八　马3退2
18. 马八进九　炮8平7
19. 马九进八!　马2进4
20. 兵九进一　炮7退1
21. 兵九平八　炮1退1
22. 相七进五　士5退6
23. 马八退六!　炮1平2

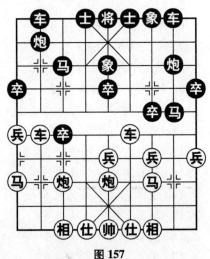

图 157

24. 炮八平五　士6进5　25. 车七平四　炮2平3
26. 车四进四！车8进3　27. 炮五退二　炮7进1
28. 马六退五　马8进7　29. 炮五进三　士5退6
30. 炮七进六！（图158）

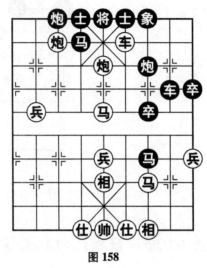

图 158

第 80 局　梁金义负余仲明

1. 炮二平五　马8进7　2. 马二进三　车9平8
3. 车一平二　马2进3
4. 马八进九　卒7进1
5. 炮八平七　车1平2
6. 车九平八　炮2进4
7. 车二进四　炮8平9
8. 车二平四　象7进5
9. 兵九进一　炮9进4
10. 兵三进一　卒7进1（图159）
11. 车四平三　马7进6
12. 车三平四　炮9平7！
13. 车四进一　炮7进3
14. 帅五进一　车2进4！
15. 炮五进四？马3进5

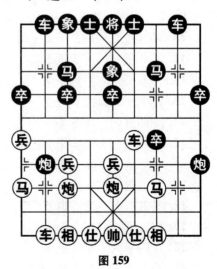

图 159

16. 车四平八　车8进8
17. 帅五进一　马5进4
18. 帅五平六　马4退2
19. 马三退五　车8退7!
20. 帅六退一　炮7退1
21. 马五进四　马2进4
22. 车八进二　马4进6
23. 车八进一　车8平4
24. 炮七平六　车4进5
25. 车八退一　车4平3
26. 炮六平三　车3进2!
27. 帅六进一　车3进1
28. 车八退二　车3退5
29. 车八进四　车3平4

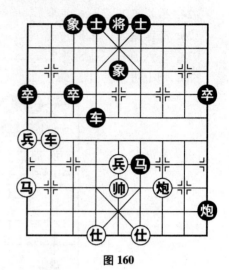

图 160

30. 帅六平五　炮7平9（图 160）

第81局　言穆江胜林宏敏

1. 炮二平五　马8进7
2. 马二进三　车9平8
3. 车一平二　马2进3
4. 马八进九　卒7进1
5. 炮八平七　车1平2
6. 车九平八　炮2进4
7. 车二进四　象7进5
8. 兵九进一　炮8退1
9. 车二平四　炮8平9
10. 马九进八　炮9平2（图 161）
11. 车八进一　卒3进1
12. 车八平六　后炮平7
13. 炮七平八!　士6进5
14. 车四进四　车8平7
15. 车六进七　炮2平5
16. 马三进五　车2进5
17. 兵七进一!　车2进2
18. 马五退七　士5退6
19. 炮五平八　炮7平4
20. 车四平六　卒3进1
21. 马七进五　卒3平2

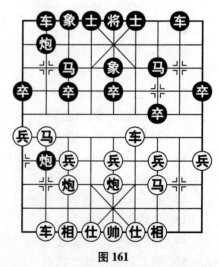

图 161

22. 车六平七　马7退5
23. 马五进四　卒5进1
24. 炮八平七　马3进5
25. 车七平六　后马进7
26. 马四进五　士4进5
27. 炮七进三！马7进6?
28. 炮七平四　车7进2
29. 炮四退二　车7平5
30. 炮四平五　卒2平1
31. 车六退二（图162）

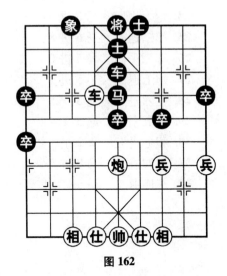

图 162

第82局　汪洋负蒋川

1. 炮二平五　马8进7　　　　2. 马二进三　车9平8
3. 车一平二　马2进3　　　　4. 马八进九　卒7进1
5. 炮八平七　车1平2　　　　6. 车九平八　炮2进4
7. 车二进四　炮8平9　　　　8. 车二平四　车8进1
9. 兵九进一　车8平2　　　　10. 兵三进一　卒7进1
11. 车四平三　马7进8
12. 兵五进一　象3进5
13. 兵五进一　卒5进1
14. 车三进五　炮9平7（图163）
15. 马三进四　炮2平9
16. 车八进八　车2进1
17. 炮五进一？炮9平7
18. 马四进三　卒5进1！
19. 马三进五　士4进5
20. 车三平二　马8进6
21. 车二退五　车2进6！
22. 车二平三　前炮平3
23. 车三进三　卒5进1

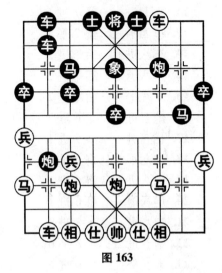

图 163

24. 炮七进四　马3进5!
25. 车三退六　马6进8
26. 车三平四　马5进6
27. 炮七退二　卒5进1
28. 仕六进五　炮3平5
29. 帅五平六　炮5平4
30. 相七进五　车2平1
31. 车四进二　马8进7
32. 车四退二　马6进5!（图164）

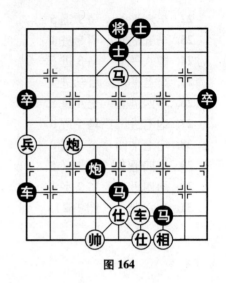

图 164

第 83 局　刘殿中胜王斌

1. 炮二平五　马8进7
2. 马二进三　车9平8
3. 车一平二　马2进3
4. 马八进九　卒7进1
5. 炮八平七　车1平2
6. 车九平八　炮2进4
7. 车二进四　象3进5
8. 兵九进一　炮2退2
9. 车八进四　马7进8
10. 车二平四　炮8平7（图165）
11. 兵七进一　卒7进1
12. 车四平三　炮2平7
13. 车八进五　后炮进3
14. 车八退二　后炮进2?
15. 车八平七　后炮进2
16. 炮五进四!　士6进5
17. 相三进一　卒9进1
18. 炮七平八!　将5平6
19. 炮八进七　将6进1
20. 炮八退一　将6进1
21. 炮八退一　车8进3
22. 炮五进二!　车8平6
23. 炮五平九　车6进6

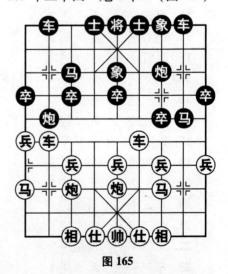

图 165

24. 帅五进一　前炮平8
25. 车七平六　马8进6
26. 车六进二　象5退3
27. 车六退二　象7进5
28. 车六退五　象5退7
29. 车六平二　马6进4
30. 帅五平六　车6退1
31. 仕六进五　车6平5
32. 帅六退一　车5平6
33. 炮八进一！（图166）

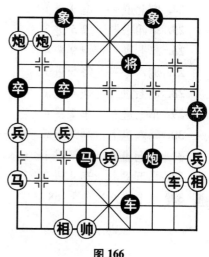

图 166

第84局　吕钦胜柳大华

1. 炮二平五　马8进7	2. 马二进三　车9平8
3. 车一平二　马2进3	4. 马八进九　卒7进1
5. 炮八平七　车1平2	6. 车九平八　炮2进4
7. 车二进四　炮8平9	8. 车二平四　象7进5
9. 兵九进一　炮9退1	10. 炮五平六　车8进6（图167）

11. 相七进五　马7进8
12. 仕六进五　卒3进1
13. 兵七进一　炮2平7
14. 兵七进一　车2进9
15. 马九退八　马3退5
16. 兵七进一　马5进7
17. 炮六进六！车8进1
18. 兵七进一　炮7进3?
19. 相五退三　车8平7
20. 炮七进七　将5进1
21. 兵七平六！车7平2
22. 炮七退一　将5退1
23. 马八进六　车2退5

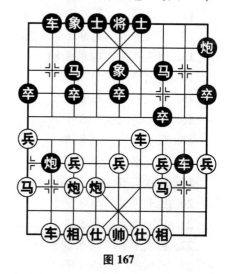

图 167

24. 炮七退一　炮9进1

25. 车四平七　象5进3

26. 车七进一　炮9平4

27. 炮六平三　将5进1

28. 炮七进二　炮4退1

29. 车七进三　车2平4

30. 马六进七　马7进6

31. 马七进五　卒7进1

32. 马五进七　车4进2

33. 马七进八！（图168）

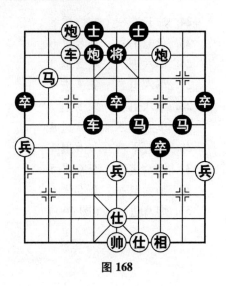

图 168

第85局　刘殿中负孙勇征

1. 炮二平五　马8进7

2. 马二进三　车9平8

3. 车一平二　马2进3

4. 马八进九　卒7进1

5. 炮八平七　车1平2

6. 车九平八　炮2进4

7. 车二进四　炮8平9

8. 车二平四　车8进1

9. 兵九进一　车8平2

10. 兵三进一　卒7进1

11. 车四平三　马7进8

12. 车三进五　炮9平7（图169）

13. 相三进一　前车平8！

14. 兵七进一　象3进5

15. 车三平一　车8进2

16. 车一退二　车8平7

17. 车一平二　马8进7

18. 炮五平六　卒5进1

19. 仕六进五　象5退7

20. 兵七进一？　马3进5

21. 兵七平六　卒5进1

22. 兵六平五　马5进3

23. 后兵进一　炮7平2！

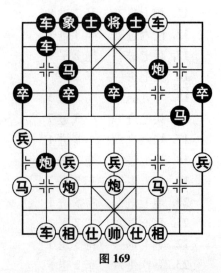

图 169

24. 车八平九　后炮平5

25. 前兵平六　马3进4

26. 兵五进一　马7退5

27. 炮六平五　炮2平1

28. 车九平八　车2进9

29. 马九退八　马4进3

30. 帅五平六　车7进3!

31. 炮五进一　车7进1

32. 炮七平四　炮1进3

33. 炮四进六　车7退1（图170）

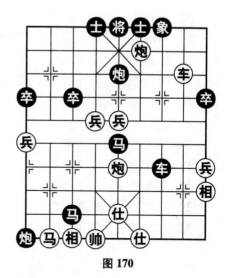

图 170

第86局　许银川胜王跃飞

1. 炮二平五　马8进7

2. 马二进三　车9平8

3. 车一平二　马2进3

4. 马八进九　卒7进1

5. 炮八平七　车1平2

6. 车九平八　炮2进4

7. 车二进四　象3进5

8. 兵三进一　卒7进1

9. 车二平三　马7进6

10. 车三平四　车2进4（图171）

11. 马三进二　马6退7

12. 仕六进五　车8进1?

13. 马二进一!　马7进8

14. 车四进五　将5平6

15. 马一进二　将6进1

16. 兵七进一　马8进6

17. 炮五平二　将6平5

18. 相七进五　炮8进4

19. 炮七进一!　卒5进1

20. 炮七平二　马6进8

21. 马二退四　马3进5

22. 马九退七　炮2进2

23. 马七进六　卒5进1

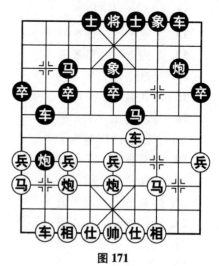

图 171

24. 兵五进一　马5进7
25. 马四退三　马8退7
26. 兵五进一　马7进6
27. 炮二平四　将5退1
28. 兵五进一　卒3进1
29. 兵七进一　象5进3
30. 马六进七　车2平3
31. 车八进一　车3进2
32. 车八进三　车3平1
33. 车八平三　象7进9
34. 车三进三（图172）

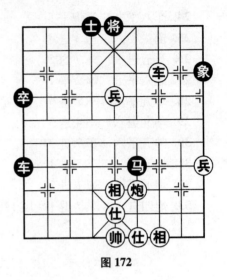

图 172

第87局　黄海林胜金波

1. 炮二平五　马8进7
2. 马二进三　车9平8
3. 车一平二　马2进3
4. 马八进九　卒7进1
5. 炮八平七　车1平2
6. 车九平八　炮2进4
7. 车二进四　象7进5
8. 兵九进一　马7进6（图173）
9. 马九进八　卒7进1
10. 车二平三　炮2平5
11. 仕六进五　炮5退2
12. 车三平四　炮8平7
13. 车四进一　车8进5
14. 马八退九　车2进9
15. 马九退八　士4进5
16. 马八进九　车8平4
17. 车四退二!　炮5平7
18. 仕五进四　车4进2
19. 马九进八　前炮进3
20. 炮五平三　炮7进5
21. 仕四进五　车4退2
22. 马八进七　车4退2
23. 相三进五　炮7平9

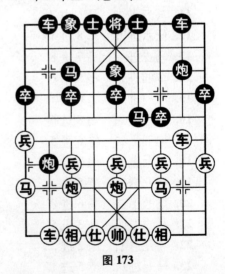

图 173

92

24. 兵七进一　卒 5 进 1
25. 车四平五　车 4 平 8
26. 仕五进六　马 3 进 5
27. 马七退五　马 5 退 7
28. 马五退三　车 8 进 6
29. 帅五进一　车 8 退 1
30. 帅五退一　马 7 进 6
31. 车五平四　马 6 进 8
32. 车四进三！炮 9 平 8
33. 炮七进一　车 8 平 7
34. 炮七平五　车 7 退 2
35. 炮五进一！（图 174）

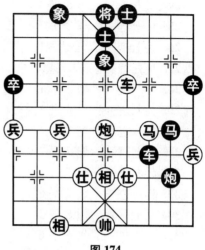

图 174

第 88 局　陈孝堃胜郭福人

1. 炮二平五　马 8 进 7
2. 马二进三　马 2 进 3
3. 车一平二　车 9 平 8
4. 马八进九　卒 7 进 1
5. 炮八平七　车 1 平 2
6. 车九平八　炮 2 进 4
7. 车二进四　炮 8 平 9
8. 车二平四　象 3 进 5（图 175）
9. 兵九进一　炮 9 退 1
10. 马九进八　炮 9 平 2
11. 车八进一　卒 3 进 1
12. 车八平六　后炮进 3
13. 车六进五　士 6 进 5
14. 车六平七　车 2 进 2
15. 车七平九！卒 3 进 1
16. 车四平七　后炮平 3？
17. 车九平七　马 7 进 6
18. 炮七进八！马 6 进 4
19. 前车平六　马 4 进 6
20. 仕六进五　马 6 进 7
21. 帅五平六　炮 3 平 6
22. 车七平四　马 7 退 5
23. 相七进五　炮 6 退 2

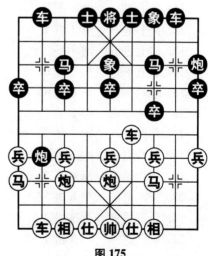

图 175

24. 兵九进一　车8进6
25. 兵七进一　车8平7
26. 兵七进一　车2平1
27. 兵九进一　车1退2
28. 相三进一　炮2平1
29. 兵七进一！马3进1
30. 马八进九　炮1平2
31. 兵七进一　炮2退2
32. 兵七进一　卒7进1
33. 相一进三　炮2平8
34. 兵七平六　炮8退3
35. 兵六进一　将5平6（图176）

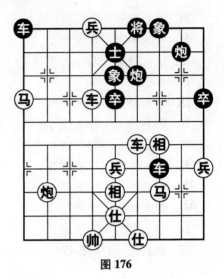

图 176

第89局　孙勇征负王斌

1. 炮二平五　马8进7
2. 马二进三　马2进3
3. 车一平二　车9平8
4. 马八进九　卒7进1
5. 炮八平七　车1平2
6. 车九平八　炮2进4
7. 车二进四　象3进5
8. 兵九进一　炮2退2
9. 车八进四　马7进8
10. 车二平六　马8进7（图177）
11. 兵七进一　炮8平7
12. 兵七进一　卒3进1
13. 炮七进五　炮7平3
14. 炮五平八　马7退6
15. 车六平四　马6退4
16. 车八平六　炮2平1
17. 马九进八　炮1平2
18. 马八退六　炮3进7
19. 仕六进五　马4退2
20. 车四进二　车8进7！
21. 仕五进四　卒3进1
22. 车六进一　卒3进1
23. 马三进四　车8平6

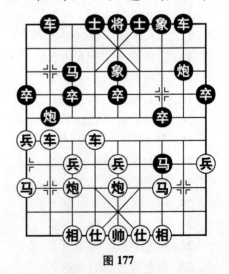

图 177

24. 相三进五　车6进1
25. 车六平八　炮3平6！
26. 马六进七　象5进3
27. 车四平五　象3退5
28. 马四进六　卒3进1
29. 炮八进五　卒3进1
30. 马六退七　炮6平9
31. 车五平六　士6进5
32. 炮八退一？车2进2
33. 车六进二　将5平6
34. 车六退三　象5进3！
35. 车六平三　车2平8（图178）

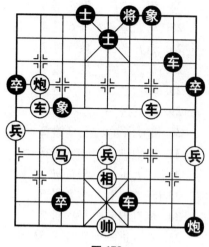

图 178

第90局　柳大华负赵国荣

1. 炮二平五　马8进7
2. 马二进三　车9平8
3. 车一平二　马2进3
4. 马八进九　卒7进1
5. 炮八平七　车1平2
6. 车九平八　炮2进4
7. 车二进四　炮8平9
8. 车二平四　车8进1
9. 兵九进一　车8平2
10. 兵三进一　卒7进1
11. 车四平三　马7进8
12. 车三进五　炮9平7（图179）
13. 相三进一　前车进3
14. 炮七进四？前车平7
15. 马三进二　炮2平5
16. 仕四进五　车2进9
17. 马九退八　象3进5
18. 车三退一　卒9进1
19. 马八进七　炮5平8！
20. 马七进五　炮8进3
21. 仕五进四　车7进5
22. 帅五进一　车7退1
23. 帅五退一　马8进6

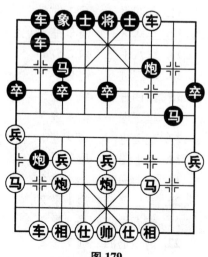

图 179

24. 相一进三　炮7平6
25. 马二进三　马6进4
26. 炮五平六　象5进7
27. 车三平六　炮6进4!
28. 车六平二　车7进1
29. 帅五进一　车7平4
30. 炮七平六　马3进2
31. 前炮进二　士4进5
32. 相七进五　马2进3
33. 车二退五　炮8平6!
34. 相五退三　马3进2
35. 帅五进一　车4平5!
36. 仕四退五　马2进4（图180）

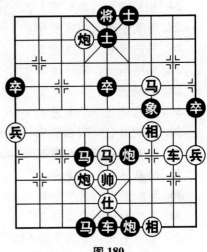

图180

第91局　朱永康负钱洪发

1. 炮二平五　马8进7
2. 马二进三　卒7进1
3. 马八进九　马2进3
4. 车一平二　车9平8
5. 炮八平七　车1平2
6. 车九平八　炮2进4
7. 车二进四　炮8平9
8. 车二平四　车8进1
9. 兵九进一　车8平2
10. 兵三进一　卒7进1
11. 车四平三　马7进6
12. 车八进一　前车进3（图181）
13. 车八平二　炮2平1
14. 车三进五　炮9平7
15. 仕四进五　象3进5
16. 车三退一　士4进5
17. 炮七进四　卒9进1
18. 炮七退二　后车平4
19. 炮七平四　车4进5!
20. 车二退一　炮1平2
21. 炮五平六　马3进4
22. 炮四退四　炮7进2
23. 相三进五　马6进5

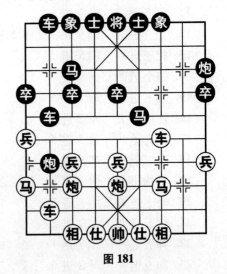

图181

24. 车二进四？　车4进2！

25. 仕五进六　马5进7

26. 车二退二　马4退6！

27. 车三退二　炮7平5

28. 仕六进五　马6进5

29. 相五进七　马5进3

30. 相七进五　马3退5

31. 相五退七　炮2平5

32. 相七进五　前炮平4！

33. 相五进三　马7退6

34. 车三平四　马5进4

35. 仕五进六　马6进5

36. 仕六退五　马5进3（图182）

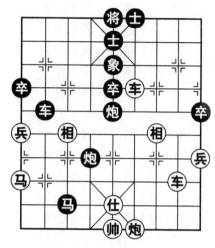

图182

第92局　赵汝权胜马仲威

1. 炮二平五　马2进3

2. 马二进三　马8进7

3. 车一平二　车9平8

4. 马八进九　卒7进1

5. 炮八平七　车1平2

6. 车九平八　炮2进4

7. 车二进四　炮8平9

8. 车二平四　象7进5

9. 兵九进一　炮9退1

10. 炮五平六　炮2退2（图183）

11. 相七进五　士6进5

12. 兵七进一　车8平6

13. 车四平二　车6进4

14. 车八进四　马3退1

15. 车二进四　车6平4

16. 仕六进五　炮9退1

17. 车二退一　马7退6

18. 车二退一　炮2退1

19. 炮七进四！炮9平7

20. 马九进七　马1进3

21. 炮六平七　车4进1

22. 车二进一　炮7进3

23. 前炮平三　炮2平7

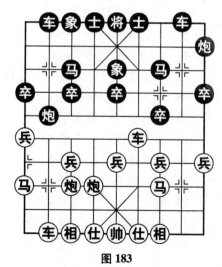

图183

24. 车八进五　马3退2
25. 马七进五　卒5进1
26. 马五进三　炮7进3
27. 相三进一　象3进1
28. 前马退一！炮7退5
29. 马一进二　车4退2
30. 车二进二　炮7平6?
31. 马三进二　马2进4
32. 前马进三　士5进6
33. 相五退七　马4进3
34. 炮七平四　士6退5
35. 炮四进四！士5进6
36. 炮四进二　车4退2
37. 马二进三（图184）

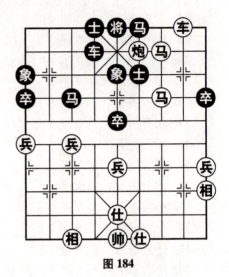

图 184

第93局　赵鑫鑫负苗永鹏

1. 炮二平五　马8进7
2. 马二进三　车9平8
3. 车一平二　马2进3
4. 马八进九　卒7进1
5. 炮八平七　车1平2
6. 车九平八　炮2进4
7. 车二进四　炮8平9
8. 车二平四　车8进1
9. 兵九进一　车8平2
10. 兵三进一　卒7进1
11. 车四平三　马7进8
12. 兵五进一　象3进5（图185）
13. 车八进一　炮2进1
14. 车八平二　炮2平5
15. 车二进四　炮5平4
16. 仕四进五　前车进6
17. 马三进五　炮4退6
18. 炮七平五　后车进4
19. 兵五进一　士4进5
20. 马五进六　卒5进1
21. 马六进五　象7进5

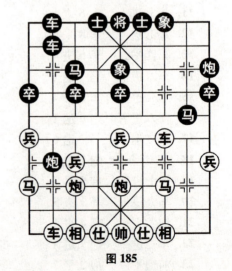

图 185

22. 车二进二　炮9进4

23. 车二平五　炮9进3

24. 相三进一　炮4进7！

25. 车五平七　前车平5

26. 车三平六　士5退4

27. 车七平五　士4进5

28. 车五平七　士5退4

29. 车六退三　车5平8

30. 车七平六　士6进5

31. 后车进四？　车2进4！

32. 后车退四　士5进4

33. 车六平八　车8平1

34. 车八进四　车1退2

35. 车八平五　士4退5

36. 车五平二　卒9进1

37. 相七进五　车1平6（图186）

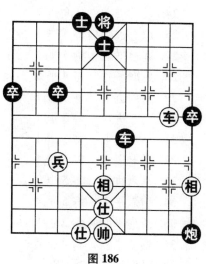

图186

第94局　王斌胜聂铁文

1. 炮二平五　马8进7

2. 马二进三　车9平8

3. 车一平二　马2进3

4. 马八进九　卒7进1

5. 炮八平七　车1平2

6. 车九平八　炮2进4

7. 车二进四　象3进5

8. 兵九进一　炮2退2

9. 车二平四　马7进8

10. 兵三进一　炮8平7（图187）

11. 兵三进一　马8进9

12. 车四平二！　车8进5

13. 马三进二　炮7进7

14. 仕四进五　炮2进2

15. 兵七进一　马9退7

16. 马二退三　炮2平3

17. 炮七平六　车2进9

18. 马九退八　卒3进1

19. 兵七进一　象5进3

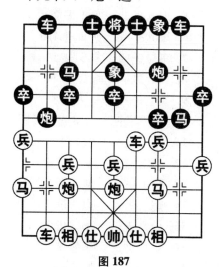

图187

20. 马八进九　炮 3 平 2	21. 炮六平七　马 3 进 4？
22. 炮五进四　马 7 退 9	23. 马九进八！马 9 进 8
24. 马八进六　马 8 进 7	25. 帅五平四　炮 7 退 2
26. 炮七进二！将 5 进 1	
27. 炮七平五　将 5 平 4	
28. 后炮平六　将 4 平 5	
29. 马六进七　将 5 进 1	
30. 马七进六　将 5 退 1	
31. 马六退七　将 5 进 1	
32. 马七退六　将 5 退 1	
33. 马六进四　将 5 退 1	
34. 炮六平五　将 5 平 4	
35. 前炮平六　炮 2 退 5	
36. 炮五平六　将 4 平 5	
37. 马四进六（图 188）	

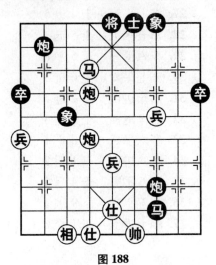

图 188

第 95 局　刘殿中负赵国荣

1. 炮二平五　马 8 进 7	2. 马二进三　车 9 平 8
3. 车一平二　马 2 进 3	4. 马八进九　卒 7 进 1
5. 炮八平七　车 1 平 2	
6. 车九平八　炮 2 进 4	
7. 车二进四　象 3 进 5	
8. 兵九进一　炮 2 退 2	
9. 兵七进一　马 7 进 8	
10. 车二平四　马 8 进 7（图 189）	
11. 车八进三　炮 8 平 7	
12. 兵七进一　卒 3 进 1	
13. 炮七进五　炮 7 平 3	
14. 炮五平八　炮 3 平 7	
15. 仕六进五　车 2 进 3	
16. 炮八进三　车 8 进 7	
17. 车四退二　炮 3 退 4！	

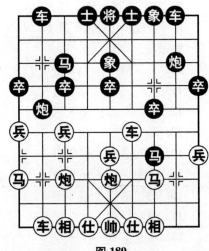

图 189

18. 车八退三　士6进5
19. 炮八退二　马7退6
20. 马三进四　车8平6
21. 仕五进四　卒7进1
22. 马四退六　卒7进1
23. 兵五进一　车2平4
24. 马六进七　车4进4!
25. 炮八进六　象5退3
26. 马九进八　象7进5
27. 马七进八　车4退5
28. 后马进七　车4平3
29. 相三进五　炮3进1
30. 兵五进一　炮3平5
31. 仕四进五　卒5进1
32. 马七退五　炮5退1
33. 帅五平六　马6进5
34. 车八进二　炮5进2!
35. 马五退六　车3进7
36. 帅六进一　炮5平3
37. 帅六进一　炮3退2（图190）

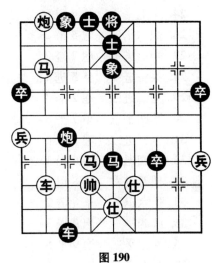

图190

第96局　朱晓虎负靳玉砚

1. 炮二平五　马8进7
2. 马二进三　车9平8
3. 车一平二　马2进3
4. 马八进九　卒7进1
5. 炮八平七　车1平2
6. 车九平八　炮2进4
7. 车二进四　象3进5
8. 兵三进一　卒7进1
9. 车二平三　马7进6
10. 车三平四　炮8平7（图191）
11. 车四进一　炮7进7
12. 仕四进五　炮7平9
13. 帅五平四　士4进5
14. 车八进二　车8进9
15. 帅四进一　车8退1

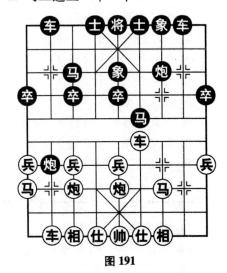

图191

101

16. 帅四退一 车8平7	**17.** 炮七平六 卒3进1
18. 兵九进一 车2进3	**19.** 车四退一 炮2退2
20. 兵七进一？卒3进1	**21.** 车四平七 炮2平8！
22. 马三进二 车2进4	**23.** 炮五平八 马3进4
24. 车七平六 马4退6	**25.** 车六平四 马6退8
26. 炮六平三 炮8平2	
27. 相七进五 炮2进2	
28. 兵一进一 卒5进1！	
29. 马二进四 炮2退3	
30. 车四平三 车7平8	
31. 车三进二 炮2平6	
32. 马四退三 炮6退1	
33. 仕五进六 车8退1	
34. 仕六退五 车8进2	
35. 帅四进一 炮9退3	
36. 炮三平二 炮9平5	
37. 马九进八 炮5平6	
38. 马三进四 马8进6！（图192）	

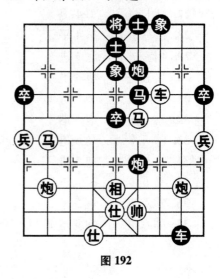

图 192

第97局　董旭斌胜陶汉明

1. 炮二平五　马8进7
2. 马二进三　车9平8
3. 车一平二　马2进3
4. 马八进九　卒7进1
5. 炮八平七　车1平2
6. 车九平八　炮2进4
7. 车二进四　象7进5
8. 兵九进一　马7进6
9. 马九进八　卒7进1
10. 车二平三　炮2平5（图193）
11. 仕六进五　炮5退2
12. 车三平四　炮8平7
13. 车四进一　车8进5

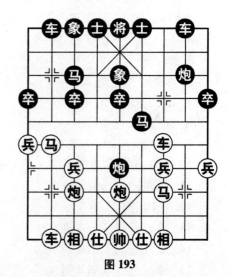

图 193

14. 马八退九　车2进9	**15.** 马九退八　士4进5
16. 车四退二　车8平2	**17.** 马八进九　车2进2
18. 炮七进四　炮7进5	**19.** 兵七进一　卒9进1
20. 车四平七!　炮5平7	**21.** 仕五进四　卒5进1
22. 兵三进一　前炮平5	**23.** 相三进五　炮7退1
24. 兵七进一　卒5进1	**25.** 兵七平六　车2平4
26. 兵六平五　车4平2	**27.** 兵三进一!　炮7平4
28. 兵三平四　车2退4	**29.** 兵五平六　炮4退2
30. 兵四平五　炮4平1	
31. 炮七平六　车2退1	
32. 炮六平二　象5退7	
33. 车七进三　炮1平3	
34. 车七平九　卒5进1	
35. 车九进三!　士5退4	
36. 车九平七　炮3平9	
37. 兵九进一　象7进5	
38. 炮二进一!　象5退3	
39. 炮二平八　炮9进5	
40. 马九进八　马3退5	
41. 马八进七　马5进7	
42. 炮八退三　马7进8	
43. 炮八平七（图194）	

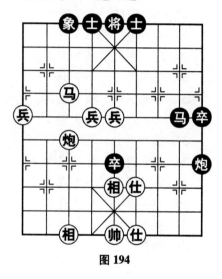

图 194

第 98 局　许银川负吕钦

1. 炮二平五　马8进7	**2.** 马二进三　车9平8
3. 车一平二　马2进3	**4.** 马八进九　卒7进1
5. 炮八平七　车1平2	**6.** 车九平八　炮2进4
7. 车二进四　炮8平9	**8.** 车二平四　车8进6
9. 兵九进一　炮2退2	**10.** 兵七进一　炮2进2（图195）
11. 炮七进一　车8进2	**12.** 兵三进一　车8平7
13. 炮七退一　车7进1	**14.** 兵三进一　炮2平9
15. 车八进九　前炮进3!	**16.** 帅五进一　马3退2
17. 车四退三　马2进3	**18.** 马九进七　后炮退1

19. 炮五平六　前炮退3

20. 马七退五　马7退5

21. 炮七进四　卒9进1

22. 兵三进一　马3退1

23. 兵七进一　象3进5

24. 兵七平八　前炮进1！

25. 炮六进六？后炮平4

26. 马三进二　炮9退2

27. 马二进四　车7退5

28. 马五进三　卒5进1

29. 兵三平二　马5进7

30. 马四进三　车7退2

31. 炮七平三　马1进3

32. 兵八进一　马3进4

33. 兵八平七　马4进5！

34. 相七进五　炮9平5

35. 帅五退一　马5进3

36. 马三进五　卒5进1

37. 兵七进一　马3退4

38. 相五进七　象5进3！

39. 兵七进一　炮4平5

40. 仕四进五　卒5平6

41. 仕五进六　马4进6

42. 车四进一　车7平4

43. 炮三平八　炮5进2（图196）

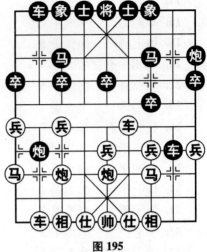

图 195

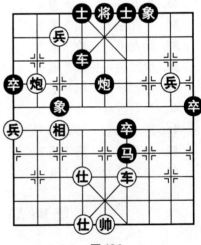

图 196

第 99 局　郝继超胜赵剑

1. 炮二平五　马8进7　　　　2. 马二进三　车9平8

3. 车一平二　马2进3　　　　4. 马八进九　卒7进1

5. 炮八平七　车1平2　　　　6. 车九平八　炮2进4

7. 车二进四　炮8平9　　　　8. 车二平四　车8进1

9. 兵九进一　车8平2　　　　10. 兵三进一　卒7进1

11. 车四平三　马7进6
12. 车八进一　象3进5（图197）
13. 车八平四　马6进5?
14. 车三平四　士4进5
15. 炮七平八！马5进7
16. 前车进四　炮2退2
17. 炮八进六　炮2平5
18. 仕四进五　车2进1
19. 后车平三　马7退9
20. 车三进八！炮9平6
21. 车三退六　马9退8
22. 车三平四　车2进3
23. 前车平二　炮5进1

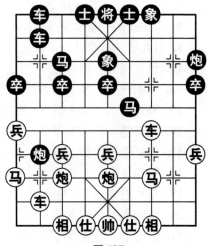

图 197

24. 炮五进一！车2平7
26. 车四进一　卒5进1
28. 马九进八　车7进2
30. 车四进二　卒9进1
32. 车四平三　炮6进3
33. 兵九进一　卒1进1
34. 炮五进二　卒1进1
35. 马七进五　将5平4
36. 马五退三！炮6退4
37. 马三进四　炮6平7
38. 车三平四　卒1平2
39. 马四进五　马7进5
40. 炮五平二！马5退3
41. 炮二进四　炮7退1
42. 车四平七　马3退1
43. 车七平五（图198）

25. 相三进五　马8退7
27. 车二退二　马3进5
29. 马八退七　卒3进1
31. 车二平三　车7退3

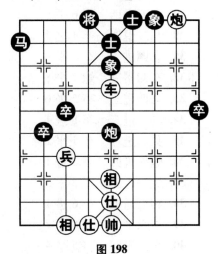

图 198

第 100 局　赵国荣胜胡荣华

1. 炮二平五　马8进7
3. 车一平二　马2进3

2. 马二进三　车9平8
4. 马八进九　卒7进1

5. 炮八平七　车1平2　　　　6. 车九平八　炮2进4

7. 车二进四　象7进5　　　　8. 兵九进一　马7进6

9. 马九进八　卒7进1　　　　10. 车二平三　炮2平5

11. 仕六进五　炮5退2　　　　12. 车三平四　炮8平7

13. 车四进一　车8进5　　　　14. 马八退九　车2进9

15. 马九退八　士4进5（图199）

16. 兵三进一！车8平7

17. 马三退一　卒3进1

18. 车四退二　车7平1

19. 马八进九　车1平4

20. 车四平五　炮5平7

21. 炮五平二　象5退7

22. 相七进五　象3进5

23. 马一进二　前炮平5

24. 炮七平六　卒1进1

25. 马九退七　车4平2

26. 马七进六　炮5平6

27. 车五平四　炮6平5

28. 马二退四　卒1进1

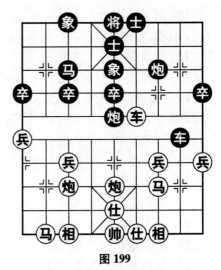

图 199

29. 马六进五　卒5进1

31. 炮二平一　卒5进1

30. 车四进三　车2平8

32. 车四平三　炮7平8

33. 马四进三　卒5平6

34. 马三进二　车8进1

35. 兵一进一　卒1平2

36. 炮一进四　卒2进1

37. 炮一进三　卒2平3

38. 相五退七！卒6进1

39. 炮六平五　车8平7

40. 车三平四　将5平4

41. 车四平六　士5进4

42. 马二退四！车7进3

43. 马四进五　将4进1

44. 马五进四　将4平5

45. 车六进一（图200）

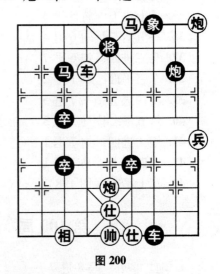

图 200

第 101 局　廖二平胜熊学元

1. 炮二平五	马8进7	2. 马二进三	车9平8
3. 车一平二	马2进3	4. 马八进九	卒7进1
5. 炮八平七	车1平2	6. 车九平八	炮2进4
7. 车二进四	象3进5	8. 兵九进一	马7进6
9. 马九进八	卒7进1	10. 车二平三	炮2平5
11. 仕六进五	炮5退2	12. 车三平四	炮8平7
13. 车四进一	车8进5	14. 马八退九	车2进9

15. 马九退八　士4进5（图201）

16. 兵七进一　车8平3

17. 相七进九　车3进1

18. 兵三进一！卒3进1

19. 车四退一　卒9进1

20. 车四平五　马3进2

21. 炮五进三！车3平2

22. 炮五平八　车2进3

23. 仕五退六　炮7进5

24. 炮八平一　炮7平1

25. 相三进五　车2退1

26. 炮七退二　车2退1

27. 车五进二　炮1平5

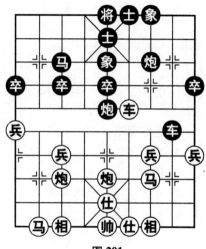

图 201

28. 炮一进四	炮5平9	29. 炮一退七	车2平9
30. 车五平九	车9退1	31. 兵九进一	车9平1
32. 炮七进一	车1平5	33. 炮七平五！	象5退3
34. 车九平七	象7进5	35. 兵三进一	将5平4
36. 车七平六	将4平5	37. 兵三进一	卒3进1
38. 兵九平八	卒3进1	39. 兵八进一	士5退4
40. 兵八平七	士6进5	41. 兵七进一	卒3进1
42. 兵七进一	车5进1	43. 兵七平六	象3进1
44. 兵三进一	象1退3	45. 兵三进一（图202）	

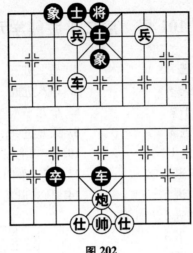

图 202

第 102 局　王嘉良胜杨官璘

1. 炮二平五　马8进7
2. 马二进三　车9平8
3. 车一平二　马2进3
4. 马八进九　卒7进1
5. 炮八平七　车1平2
6. 车九平八　炮2进4
7. 车二进四　炮8平9
8. 车二平四　象3进5
9. 兵九进一　炮2退2
10. 兵七进一　马7进8（图203）
11. 兵三进一　卒7进1
12. 车四平三　炮2进2
13. 车三平二　马8退7
14. 车二进五　马7退8
15. 马三进四　车2进4
16. 马四进五　马3进5
17. 炮五进四　士4进5
18. 炮七平三！炮9进4
19. 兵五进一　象7进9
20. 马九退七　炮2进2
21. 炮三退一　炮2退3
22. 车八进三！马8进7
23. 炮五平九　炮2平5

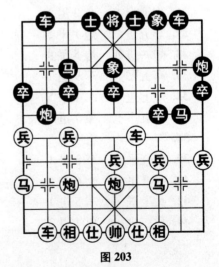

图 203

24. 车八平一　马7进8　　　25. 车一平八　车2平7
26. 车八进六　士5退4　　　27. 马七进六　车7进4
28. 马六进五！士6进5　　　29. 炮九进三　车7退2
30. 帅五进一　车7进2　　　31. 帅五退一　车7退2
32. 帅五进一　车7进2　　　33. 帅五退一　车7退2
34. 帅五进一　车7进2
35. 帅五退一　车7退4
36. 马五进七　马8进7
37. 马七进五　士5进4
38. 车八退一　士4进5
39. 车八进一　士5退4
40. 帅五进一　炮5平1
41. 车八退五　士4进5
42. 马五退六　马7退5
43. 车八进五　士5退4
44. 马六进七　车7平1
45. 车八平六　将5进1
46. 车六退二！（图204）

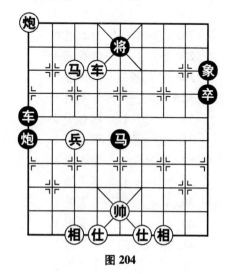

图 204

第103局　胡荣华胜蒋志梁

1. 炮二平五　马8进7
2. 马二进三　卒7进1
3. 马八进九　车9平8
4. 炮八平七　马2进3
5. 车九平八　车1平2
6. 车一平二　炮2进4
7. 车二进四　炮8平9
8. 车二平四　车8进6
9. 兵九进一　车8平7?
10. 车四平八　车2进5（图205）
11. 马九进八　炮2平5
12. 马三进五　车7平5
13. 马八进六　车5退2

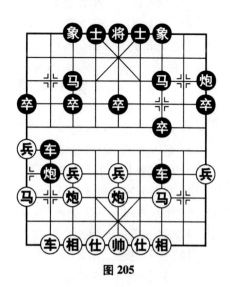

图 205

14. 马六进八！ 士6进5

15. 仕六进五 炮9退1

16. 炮五平三 马7进6

17. 炮三进七 车5进2

18. 炮三退一！ 马6退5

19. 车八进四！ 车5平4

20. 炮七平三 马5退7

21. 炮三进六 士5退6

22. 车八平二 车4退4

23. 炮三进一 士6进5

24. 炮三平一 炮9平6

25. 车二进五 炮6退1

26. 炮一退一！ 士5进6

27. 车二退一 士6退5

28. 炮一退一 炮6进4

29. 车二退一 士5退6

30. 炮一进二 象3进5

31. 仕五进六 士4进5

32. 马八进七 车4退1

33. 车二退二！ 象5退7

34. 车二平七 炮6平3

35. 车七退一 炮3进5

36. 炮一退一！ 车4平3

37. 车七进二 炮3退8

38. 炮一平七 卒7进1

39. 兵七进一 象7进5

40. 炮七平八 卒9进1

41. 炮八退四 卒7进1

42. 兵一进一 卒9进1

43. 炮八平一 将5平4

44. 炮一平五 卒5进1

45. 炮五进三 卒5进1

46. 兵七进一 卒5平4

47. 炮五平七 (图206)

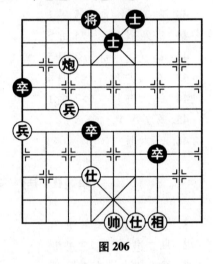

图206

第104局　蒋川负徐天红

1. 炮二平五 马8进7

2. 马二进三 车9平8

3. 车一平二 马2进3

4. 马八进九 卒7进1

5. 炮八平七 车1平2

6. 车九平八 炮2进4

7. 车二进四 象3进5

8. 兵九进一 炮2退2

9. 车八进四 马7进8

10. 车二平六 马8进7

11. 兵七进一 炮8平7

12. 炮五平六 车8进1 (图207)

13. 相七进五 车8平2

14. 炮七进四 卒9进1

15. 兵七进一 象5进3

16. 车八平七 炮2进3！

17. 车七进一？　象7进5
18. 车七平六　前车进5
19. 炮六平七　士4进5
20. 后车退一　炮2平5
21. 马九退七　前车平4
22. 车六退二　炮5平6
23. 后炮进五　炮7平3
24. 车六平八　车2平4
25. 马七进九　车4进7!
26. 马九进八　炮6退5
27. 马三退一　车4平3
28. 炮七退三　马7退6
29. 仕四进五　马6进5

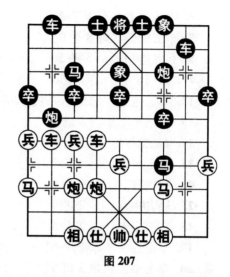

图 207

30. 马一进二　炮3进3!

31. 马二进四　炮3平5
33. 炮七平五　马7进6
35. 炮五平四　炮6进4

32. 马八进六　马5退7
34. 帅五平四　马6进7
36. 车八平四　车3退3
37. 车四平六　卒5进1
38. 马四进三　象5退7
39. 马三退五　炮5平2!
40. 马五退四　炮2进4
41. 帅四进一　炮2退5
42. 马六进四　车3平6
43. 前马进三　车6退3
44. 仕五进四　车6平7
45. 马四进五　车7平6
46. 仕六进五　马7退8
47. 帅四退一　马8退7
48. 马五进七　车6平8（图208）

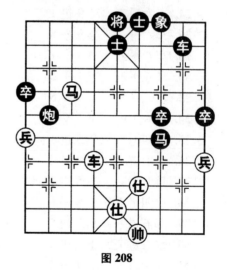

图 208

第 105 局　党斐负郑一泓

1. 炮二平五　马8进7
3. 车一平二　马2进3

2. 马二进三　车9平8
4. 马八进九　卒7进1

5. 炮八平七　车1平2

6. 车九平八　炮2进4

7. 车二进四　炮8平9

8. 车二平四　车8进1

9. 兵九进一　车8平2

10. 兵三进一　卒7进1

11. 车四平三　马7进8

12. 车三进五　炮9平7（图209）

13. 车三平二　马8进7

14. 车二退二　炮7进5

15. 炮七平三　炮2平5

16. 仕四进五　前车进8

17. 马九退八　车2进9

18. 车二平七　车2退5

19. 车七退一　车2平5!

20. 车七平九?　象3进5

21. 车九平六　马7退8

22. 炮三平四　马8进9

23. 相三进一　马9进7!

24. 车六退三　卒9进1

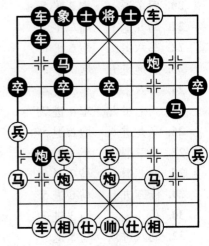

图 209

25. 相一退三　卒9进1

26. 车六进一　卒9平8

27. 车六平八　士6进5

28. 车八平六　卒8进1

29. 车六平三　车5平7

30. 车三平五　车7平5

31. 车五平三　车5平7

32. 车三平五　车7平5

33. 车五平一　卒8平7

34. 车一平四　车5平8

35. 炮四退二　卒5进1

36. 兵七进一　车8进4

37. 兵九进一　卒5进1!

38. 车四平五　车8平6

39. 车五退一　马7退5

40. 炮五进五　士5进4

41. 兵七进一　卒7进1

42. 兵九平八　卒7进1

43. 相三进一　马5进4

44. 炮五退五　马4退2

45. 仕五进六　车6平4

46. 兵七平六　马2进1

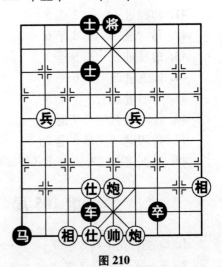

图 210

47. 兵六平五　士4进5　　　48. 兵五平四　士5退4（图210）

第 106 局　王天一胜景学义

1. 炮二平五　马8进7　　　2. 马二进三　车9平8
3. 车一平二　马2进3　　　4. 马八进九　卒7进1
5. 炮八平七　车1平2　　　6. 车九平八　炮2进4
7. 车二进四　炮8平9　　　8. 车二平四　车8进1
9. 兵九进一　车8平2　　　10. 兵三进一　卒7进1
11. 车四平三　马7进8
12. 车三进五　炮9平7
13. 车三平二　马8进7（图211）
14. 车二退六！马7进5
15. 相三进五　炮7平5
16. 炮七进四　卒9进1
17. 仕六进五　前车进3
18. 车八进二　士4进5
19. 车八平六　炮2进2
20. 马三进四　前车进3
21. 马四进六　马3退1
22. 炮七退一！前车平4
23. 炮七平一　炮5平9
24. 仕五进六　车2进7
25. 炮一平二　炮9平8

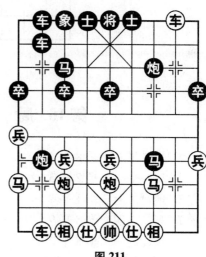

图 211

26. 马六进四　炮2平1　　　27. 相五退三　车2退5
28. 炮二平一　炮8平9　　　29. 炮一平二　炮9平8
30. 炮二平一　炮8平9　　　31. 炮一平二　炮9平8
32. 车二进一　车2平6　　　33. 马四进二　车6平8
34. 炮二平三　车8平7　　　35. 炮三平一　车7进7
36. 马九进八　象3进5　　　37. 炮一进四　车7退9
38. 炮一平二！马1退3　　　39. 马八进六　马3进4
40. 仕四进五　象5退3　　　41. 相七进五　炮1平2
42. 兵一进一　炮2退4　　　43. 炮二退三　炮2进3
44. 兵一进一　士5退4　　　45. 炮二平九　车7进4
46. 车二进一！车7进3　　　47. 车二平四　炮2退3

48. 马六退四　卒 5 进 1　　　49. 车四进二（图 212）

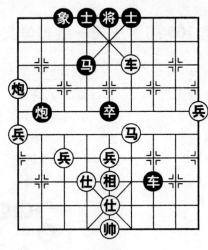

图 212

第 107 局　　陶汉明胜许银川

1. 炮二平五　马 8 进 7　　　2. 马二进三　车 9 平 8
3. 车一平二　马 2 进 3　　　4. 马八进九　卒 7 进 1
5. 炮八平七　车 1 平 2　　　6. 车九平八　炮 2 进 4
7. 车二进四　炮 8 平 9　　　8. 车二平四　车 8 进 1
9. 兵九进一　车 8 平 2
10. 兵三进一　卒 7 进 1
11. 车四平三　马 7 进 8
12. 车三进五　炮 9 平 7
13. 车三平二　前车进 3（图 213）
14. 车八进三　前车进 2
15. 车二退四　前车退 2
16. 车二进二　前车平 7
17. 炮五平六　卒 3 进 1
18. 相三进五　马 3 进 4
19. 炮七进三　车 7 进 2
20. 马三退二　车 2 进 7
21. 仕六进五　炮 7 平 5

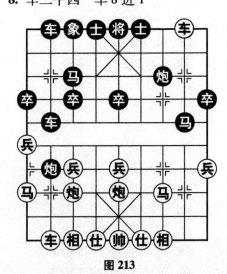

图 213

22. 车二退三　车7平5？　　23. 车二平六！马4退6

24. 炮七进一　马6进8　　　25. 车六平二　马8退7

26. 车二平三　马7进6　　　27. 马二进三　车5平7

28. 车三平四　车2退3　　　29. 炮七平一　炮5平6

30. 车四平七　炮6平7　　　31. 炮一退一！车2退1

32. 车七平四　马6退5　　　33. 炮一进四　士6进5

34. 炮一平三　炮7平6　　　35. 炮三平一　炮6平7

36. 车四平二　士5进4　　　37. 炮一平三　炮7平6

38. 车二进五！卒5进1

39. 兵七进一　卒5进1

40. 兵七进一　卒5平4

41. 马九进八　士4退5

42. 炮六平七　车7平3

43. 马三进五　车2平7

44. 马八退九　车3退2

45. 相五进七！马5进6

46. 马五进四　车3进1

47. 炮七平五　将5平6

48. 炮三平六　将6进1

49. 炮六退一（图214）

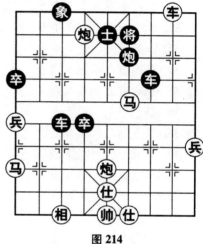

图214

第108局　胡荣华胜黎金福

1. 炮二平五　马8进7　　　2. 马二进三　卒7进1

3. 马八进九　马2进3　　　4. 车一平二　车9平8

5. 炮八平七　车1平2　　　6. 车九平八　炮2进4

7. 车二进四　炮8平9　　　8. 车二平四　车8进6

9. 兵九进一　炮2退2　　　10. 兵七进一　车8平7

11. 车四进二　炮2进2　　　12. 车四平三　马7退5（图215）

13. 仕六进五　象3进5　　　14. 马九进七　车7平6

15. 车八进二　马5退3　　　16. 马七进五　炮2退3

17. 车三进一　前马退5　　　18. 马五进三！象5进7

19. 车三退二　象7进5　　　20. 车三进一　车2进2

21. 车八进三　车6退4　　　22. 马三进二　马5进3

23. 炮七进四　士4进5

24. 兵七进一　象5进3

25. 车三退一！象3退5

26. 车三平六　后马进1

27. 兵五进一　车2退2

28. 马二进四　车2平4

29. 车六进四　士5退4

30. 兵五进一！卒5进1

31. 车八平五　士6进5

32. 炮七退三　炮2平6

33. 车五退一　炮6平5

34. 马四进六　炮5进4

35. 相七进五　车6进4

36. 马六进七　将5平6

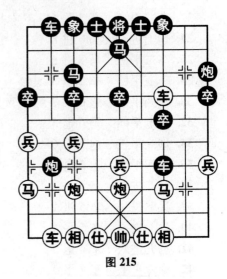

图 215

38. 马五退七　车6进1

40. 车五平三　马1进2

42. 车三退四　将6退1

43. 车三进四　将6进1

44. 车三退四　马2退4

45. 炮七平八　马3退1

46. 马五退六　车6进3

47. 炮八进一　炮6进2

48. 车三进三　将6退1

49. 车三进一　将6进1

50. 炮八平四　炮6平5

51. 马六进五！车6退1

52. 马五退三　将6进1

53. 车三退二　将6退1

54. 车三平二 （图216）

37. 马七退五！车6退4

39. 马七进五　炮9平6

41. 车三进五　将6进1

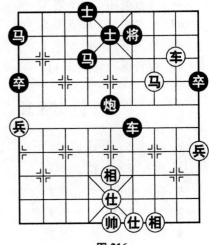

图 216

第 109 局　蒋川胜景学义

1. 炮二平五　马2进3　　2. 马二进三　马8进7

3. 车一平二　车9平8　　4. 马八进九　卒7进1

5. 炮八平七　车1平2

6. 车九平八　炮2进4

7. 车二进四　象3进5

8. 兵九进一　炮2退2

9. 车八进四　马7进8

10. 车二平四　车8进1

11. 兵七进一　车8平4

12. 兵七进一　卒3进1？（图217）

13. 车四进三　炮8平7

14. 炮七进五！士4进5

15. 车四平三　马8退7

16. 炮七平三　卒3进1

17. 车八平七　车2平4

18. 仕四进五　前车进4

19. 车七退一　后车平3

20. 炮五平七　车3进6

21. 马九进七　炮2进2

22. 相三进五　车4平1

23. 马七进六　车1平4

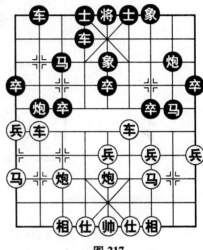

图 217

24. 马六进八　士5进6

25. 炮三退一　卒1进1

26. 马八进七　车4退4

27. 马七退六　车4平7

28. 炮三平四　炮2平7

29. 炮七进四！卒5进1

30. 马六进四　将5平4

31. 炮四平六　士6进5

32. 马四退五　将4平5

33. 炮七平一　车7平8

34. 炮一退二　车8进2

35. 炮六退四　卒1进1

36. 炮一平五！将5平6

37. 相五进七　卒1进1

38. 炮六平四　车8平4

39. 兵一进一　卒1平2

40. 兵一进一　卒2平3

41. 兵一平二　将6平5

42. 炮四平六　卒3进1

43. 马五进四　将5平6

44. 炮六平四　车4平6

45. 马四进三　车6平7

46. 前马退四　车7平6

47. 兵二平三！车6进2

48. 马四退五　将6平5

49. 炮五进三　将5平4

50. 相七进五　卒3进1

51. 相五退七　车6退2

52. 炮四平六　车6平5

53. 马五退六　士5进4

54. 马六进七　车5平4

55. 马七退五（图218）

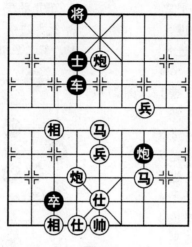

图 218

第 110 局　王斌胜赵鑫鑫

1. 炮二平五　马8进7
2. 马二进三　车9平8
3. 车一平二　马2进3
4. 马八进九　卒7进1
5. 炮八平七　车1平2
6. 车九平八　炮2进4
7. 车二进四　炮8平9
8. 车二平四　车8进1
9. 兵九进一　车8平2
10. 兵三进一　卒7进1
11. 车四平三　马7进8
12. 兵五进一　象3进5
13. 兵五进一　卒5进1
14. 车三进五　炮9平7（图 219）
15. 车三平二　马8进7
16. 车八进一　前车平6
17. 车二退三!　马7进5
18. 相三进五　炮7进4
19. 仕四进五　炮2进1
20. 车八退一　卒3进1
21. 车二退一　炮7退2
22. 兵七进一　车6进5
23. 兵七进一　车6平3

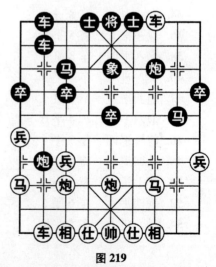

图 219

24. 炮七平六	车 3 退 2	25. 马三进五	马 3 进 4
26. 马五进四	卒 5 进 1	27. 相五进三	车 2 进 3
28. 炮六平五！	士 4 进 5	29. 炮五进五	马 4 退 5
30. 马四进五	车 2 退 1	31. 马五进三	将 5 平 4
32. 车二退三	炮 2 退 1	33. 车二平六	炮 7 平 4
34. 车六进一	炮 2 进 1	35. 马三退四！	炮 4 退 2
36. 马四退五	车 3 平 5	37. 马五退六	将 4 平 5
38. 马六进八	炮 4 平 5	39. 车八进二	车 5 平 8
40. 仕五退四	车 2 进 1	41. 车八平七	士 5 退 4？
42. 车七进五	车 8 退 2	43. 车七平六	士 6 进 5
44. 前车退一！	车 2 进 1	45. 前车退一	车 2 退 1
46. 前车进一	车 2 进 1		
47. 前车退一	车 2 退 1		
48. 前车进一	车 2 进 1		
49. 前车退一	车 2 退 1		
50. 前车进一	车 2 退 3		
51. 前车平一！	车 8 平 6		
52. 马八进七	将 5 平 6		
53. 车六平八	车 6 进 7		
54. 帅五进一	车 6 退 1		
55. 帅五退一	车 2 平 3		
56. 车一进三	将 6 进 1		
57. 车一退一	将 6 进 1		
58. 车八进四（图 220）			

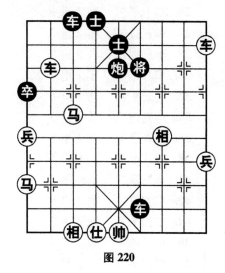

图 220

第 111 局　李群负蒋川

1. 炮二平五	马 8 进 7	2. 马二进三	车 9 平 8
3. 车一平二	马 2 进 3	4. 马八进九	卒 7 进 1
5. 炮八平七	车 1 平 2	6. 车九平八	炮 2 进 4
7. 车二进四	炮 8 平 9	8. 车二平四	车 8 进 1
9. 兵九进一	车 8 平 2	10. 兵三进一	卒 7 进 1
11. 车四平三	马 7 进 8	12. 兵五进一	象 3 进 5（图 221）
13. 车八进一	前车进 3	14. 兵五进一	士 4 进 5

15. 兵五平六　前车平4
16. 马九进八？车4进3！
17. 车八进二　车4平3
18. 马三进五　车3进2
19. 车三平二　马8退6
20. 车二进二　马6退7
21. 车二平一　炮9平6
22. 马五进六　卒3进1
23. 马六进七　炮6平3
24. 车一平五　炮3退2
25. 车五平七　炮3平4
26. 车七平三　马7进9
27. 车三进三　车2进3
28. 车三退六　马9进7

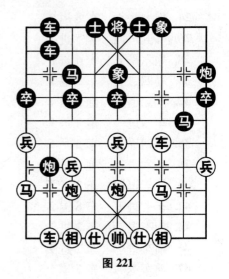

图 221

29. 仕四进五　车3平1！
30. 车八退一　车1退4
31. 马八退七　车2进4
32. 炮五平八　马7进6
33. 马七进五　马6进4
34. 马五进六　马4进3
35. 帅五平四　士5进4
36. 马六进五　车1平6
37. 炮八平四　炮4进1！
38. 车三平五　士6进5
39. 马五退三　车6退2
40. 马三退二　炮4平2
41. 车五平四　车6平8
42. 车四进一　炮2进8
43. 帅四进一　车8进1
44. 车四平八　炮2平3
45. 相三进一　炮3退3
46. 炮四平二　车8平7
47. 车八平三　车7平6
48. 炮二平四　车6退1
49. 车三平六　炮3平1
50. 车六平九　炮1平2
51. 车九平八　卒1进1
52. 炮四进三　卒1进1！
53. 车八平四　车6平5
54. 炮四平三　马3退5
55. 车四退一　炮2进2
56. 帅四退一　车5平4

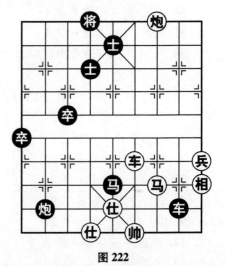

图 222

57. 炮三退五 车 4 平 8   **58.** 炮三进九 将 5 平 4

59. 马二退三 车 8 进 5！（图 222）

第 112 局　谢靖胜吕钦

1. 炮二平五 马 8 进 7   **2.** 马二进三 车 9 平 8

3. 车一平二 马 2 进 3   **4.** 马八进九 卒 7 进 1

5. 炮八平七 车 1 平 2   **6.** 车九平八 炮 2 进 4

7. 车二进四 象 3 进 5   **8.** 兵九进一 炮 2 退 2

9. 车二平四 马 7 进 8   **10.** 兵三进一 卒 7 进 1

11. 车四平三 炮 8 平 7   **12.** 车三平二 炮 7 进 7

13. 仕四进五 马 8 退 7

14. 车二进五 马 7 退 8 （图 223）

15. 马三进四 炮 2 平 3

16. 车八进九 马 3 退 2

17. 炮七进三 卒 3 进 1

18. 马四进五 士 4 进 5

19. 马九进八 炮 7 退 8

20. 马八进九 炮 7 平 9

21. 兵五进一 炮 9 进 5

22. 兵五进一 马 8 进 9

23. 兵五平六 炮 9 进 7

24. 马九退七！马 2 进 4

25. 兵六进一 马 4 进 5

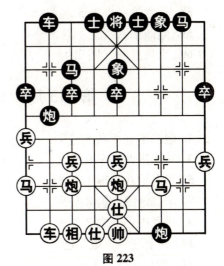

图 223

26. 马七进五 马 7 进 5   **27.** 炮五进二 卒 9 进 1

28. 马五进三 马 5 退 7   **29.** 兵七进一 卒 9 进 1

30. 兵七进一 卒 9 平 8   **31.** 兵七进一 炮 9 平 5

32. 帅五平四 卒 8 平 7   **33.** 兵九进一 卒 7 平 6

34. 炮五平八 卒 6 进 1   **35.** 炮八退二 炮 5 退 1

36. 兵九进一 炮 5 平 7   **37.** 马三退一 马 7 进 5

38. 马一退二 马 5 进 4   **39.** 炮八平六 马 4 进 2

40. 相七进五 炮 7 平 6   **41.** 帅四平五 卒 6 平 5

42. 相五退三 炮 6 平 1   **43.** 帅五平四 炮 1 进 4

44. 帅四进一 炮 1 平 7   **45.** 炮六平三！马 2 退 3

46. 马二进四　卒5平6

47. 帅四退一　马3退5

48. 马四进二　士5进6

49. 炮三平五　士6进5

50. 炮五进二　卒6平7

51. 兵七进一　马5退7

52. 炮五进二　将5平4

53. 兵七进一!　马7进5

54. 兵九平八　卒7平6

55. 炮五平四　炮7退7

56. 马二进三　马5进3

57. 兵八平七　马3进5

58. 兵六进一!　士5进4

59. 炮四平六　士4退5

60. 后兵进一（图224）

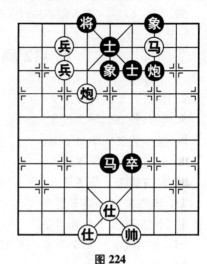

图224

第113局　林宏敏负赵国荣

1. 炮二平五　马8进7

2. 马二进三　卒7进1

3. 马八进九　车9平8

4. 炮八平七　马2进3

5. 车九平八　车1平2

6. 车一平二　炮2进4

7. 车二进四　炮8平9

8. 车二平四　车8进6

9. 兵九进一　炮2退2

10. 兵七进一　炮2进2

11. 炮七进一　车8进2

12. 兵七进一　车8平7（图225）

13. 兵七进一　车7退1

14. 兵七进一　炮9平3

15. 车四平八　炮2平5

16. 仕六进五　车2平1!

17. 前车平七　炮3进4

18. 车七退一　炮5退2

19. 车八进六　象3进5

20. 马九进八　士4进5

21. 马八进七　马7进8

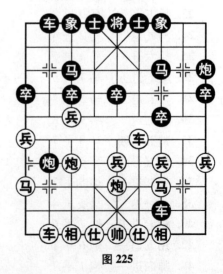

图225

22. 马七进六　车7退1
23. 车七平三　马8进7
24. 车八平五　炮5进1!
25. 马六退八　车1平4
26. 马八退六? 炮5平7!
27. 仕五退六　车4进2
28. 马六退五　炮7进4
29. 仕四进五　马7退5
30. 车五退二　车4进1
31. 车五平八　将5平4
32. 车八进五　将4进1
33. 炮五平六　车4平8
34. 车八退四　将4退1
35. 车八进四　将4进1
36. 车八退五　将4退1
37. 相七进五　炮7平9
38. 帅五平四　车8平6
39. 帅四平五　车6平5
40. 相五退七　车5平8
41. 帅五平四　车8进6
42. 帅四进一　车8退3
43. 相七进九　车8平9
44. 车八进五　将4进1
45. 车八退三　将4退1
46. 车八平九　卒9进1
47. 车九进三　将4进1
48. 兵九进一　车9平1
49. 相九进七　卒7进1
50. 炮六退一　卒7进1
51. 帅四退一　卒9进1
52. 车九退二　车1进2
53. 炮六进一　卒9进1
54. 车九退一　将4退1
55. 车九进三　将4进1
56. 炮六平九　炮9平4!
57. 兵九平八　车1平5
58. 车九退六　卒7进1
59. 炮九平六　车5平4
60. 车九平六　士5进4（图226）

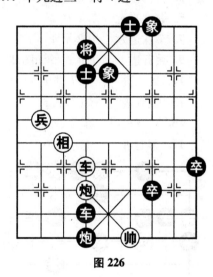

图 226

第三章　左车过河

第 114 局　谢靖胜汪洋

1. 炮二平五　马 8 进 7	2. 马二进三　车 9 平 8
3. 车一平二　马 2 进 3	4. 马八进九　卒 7 进 1
5. 炮八平七　车 1 平 2	6. 车九平八　炮 8 进 4
7. 车八进六　炮 2 平 1	8. 车八平七　车 2 进 2
9. 兵五进一　士 4 进 5 (图 227)	10. 兵五进一　卒 5 进 1
11. 兵三进一! 卒 7 进 1	12. 马三进五　象 7 进 5
13. 炮五进三　炮 8 平 3	14. 炮七平二! 车 8 进 4
15. 马五进三　车 2 进 3?	16. 车七进一　炮 3 平 4
17. 车七进二　炮 4 退 6	18. 炮二平五! (图 228)

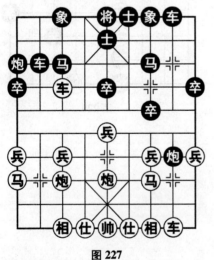

图 227

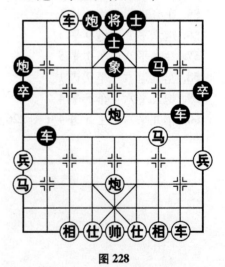

图 228

· 124 ·

第115局　胡荣华负苗利明

1. 炮二平五　马8进7
2. 马二进三　车9平8
3. 车一平二　马2进3
4. 马八进九　卒7进1
5. 炮八平七　车1平2
6. 车九平八　炮8进4
7. 车八进六　炮2平1
8. 车八平七　车2进2
9. 车二进一?炮8平5（图229）
10. 车二平五　炮1进4!
11. 车七进一　车2平3
12. 兵七进一　车3平4
13. 马三进五　象3进5
14. 车五平四　车4进4
15. 马五进四　马7进6
16. 车四进四　炮1平7
17. 马九进八　炮7平5!
18. 炮五进四?士4进5
19. 车四进一　车8进8
20. 炮七平三　将5平4
21. 马八退七　车4进2!（图230）

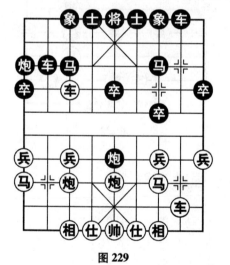

图229

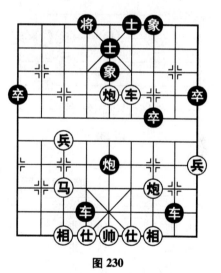

图230

第116局　李艾东胜付光明

1. 炮二平五　马8进7
2. 马二进三　车9平8
3. 车一平二　马2进3
4. 马八进九　卒7进1
5. 炮八平七　车1平2
6. 车九平八　炮8进4
7. 车八进六　炮2平1
8. 车八平七　车2进2

9. 车七退二　马3进2	10. 车七平八　马2退4
11. 兵九进一　象3进5	12. 车二进一　车2进3
13. 马九进八　马4进2（图231）	14. 马八进六　马2进4
15. 马六进八　车8进1	16. 马八进七　车8平4
17. 车二平六！马7进6	18. 炮五进四！象5进3
19. 马七退九　象3退1	20. 炮七平五　马6进7？
21. 后炮退一！卒7进1	22. 前炮平六　马4进5
23. 相三进五　炮8进2	24. 相五进三（图232）

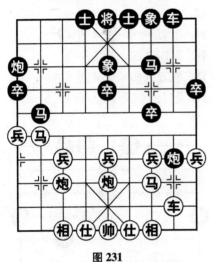

图231

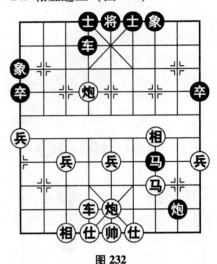

图232

第117局　黄志强胜李群

1. 炮二平五　马8进7	2. 马二进三　车9平8
3. 车一平二　马2进3	4. 马八进九　卒7进1
5. 炮八平七　车1平2	6. 车九平八　炮8进4
7. 车八进六　炮2平1	8. 车八平七　车2进2
9. 车七退二　马3进2	10. 车七平八　马2退4
11. 车八平六　马4进2（图233）	12. 炮七进七　士4进5
13. 车六平七　炮1进4	14. 车二进一！车2平4
15. 兵三进一！卒7进1	16. 车二平八　卒7进1
17. 车八进四　炮8平5	18. 马三进五　炮1平5
19. 炮五平八！将5平4	20. 炮八退二　车8进7

21. 车八平五！ 车4进4　　　　22. 车五退二　车4平5

23. 相三进五　车8退3　　　　24. 炮七平九（图234）

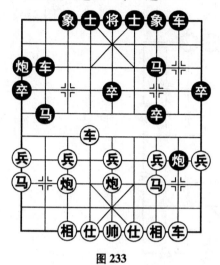

图233

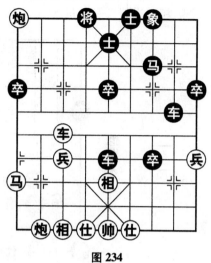

图234

第118局　张国凤负胡明

1. 炮二平五　马8进7　　　　2. 马二进三　车9平8

3. 车一平二　马2进3　　　　4. 马八进九　卒7进1

5. 炮八平七　车1平2　　　　6. 车九平八　炮8进4

7. 车八进六　炮2平1

8. 车八平七　车2进2

9. 车七退二　象3进5

10. 兵三进一　卒7进1（图235）

11. 车七平三　马7进6

12. 兵九进一　士4进5

13. 车三平四　车8进4

14. 马九进八　马3进2

15. 炮七平八　炮1进3！

16. 兵七进一？车2平4！

17. 车四退三　炮1进4

18. 仕四进五　马6进7

19. 车四进三　炮8平5！

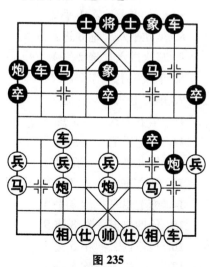

图235

20. 马八退七　车8进5	21. 马三退二　炮5平3
22. 马七进五　马2进4	23. 炮五平六　马4进3
24. 相三进五　马7进5!	25. 仕五退四　车4进4（图236）

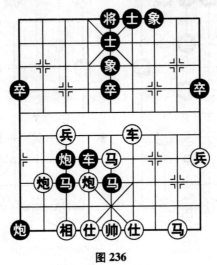

图 236

第119局　胡荣华胜袁洪梁

1. 炮二平五　马8进7	2. 马二进三　车9平8
3. 车一平二　马2进3	4. 马八进九　卒7进1
5. 炮八平七　车1平2	
6. 车九平八　炮8进4	
7. 车八进六　炮2平1	
8. 车八平七　车2进2	
9. 车七退二　马3进2	
10. 车七平八　马2退4	
11. 炮七进七　士4进5	
12. 兵九进一　车2进3	
13. 马九进八　象7进5（图237）	
14. 炮七退三!　炮8平5	
15. 仕四进五　车8进9	
16. 马三退二　卒5进1	
17. 马二进三　炮5退1	

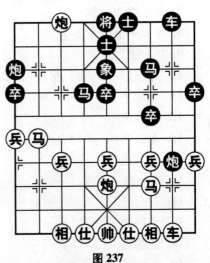

图 237

18. 帅五平四！ 炮 1 进 3
19. 炮五进三 炮 1 进 1
20. 马八进六 卒 9 进 1
21. 兵七进一 炮 1 平 6
22. 相七进五 马 7 进 6
23. 马六进八 马 6 进 7?
24. 炮七平九！ 马 4 退 2
25. 马八进六（图 238）

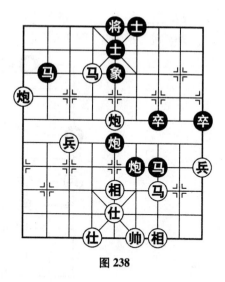

图 238

第 120 局　吕钦胜庄玉庭

1. 炮二平五　马 8 进 7	2. 马二进三　车 9 平 8
3. 车一平二　马 2 进 3	4. 马八进九　卒 7 进 1
5. 炮八平七　车 1 平 2	6. 车九平八　炮 8 进 4
7. 车八进六　炮 2 平 1	8. 车八平七　车 2 进 2
9. 车七退二　马 3 进 2	10. 车七平八　马 2 退 4

11. 兵九进一　象 7 进 5
12. 车二进一　车 2 进 3（图 239）
13. 马九进八　马 4 进 2
14. 炮七平八　炮 1 平 2
15. 炮八进三　炮 2 进 3
16. 车二平八　车 8 进 5
17. 炮五退一！ 士 6 进 5
18. 相七进五！ 炮 8 进 2
19. 车八进一　车 8 进 2
20. 车八进二　车 8 平 7
21. 炮八进二　马 7 退 6
22. 车八平二　炮 8 平 9
23. 车二平四　卒 9 进 1

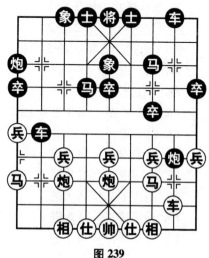

图 239

24. 炮五平七　炮9进1　　25. 帅五进一　炮9退1？

26. 炮七平一！（图240）

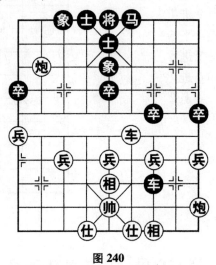

图 240

第 121 局　靳玉砚胜潘振波

1. 炮二平五　马8进7　　2. 马二进三　车9平8

3. 车一平二　马2进3　　4. 马八进九　卒7进1

5. 炮八平七　车1平2　　6. 车九平八　炮8进4

7. 车八进六　炮2平1

8. 车八平七　车2进2

9. 车七退二　象3进5

10. 兵三进一　卒7进1

11. 车七平三　马7进6

12. 车三平四　车8进4（图241）

13. 炮七退一　士4进5

14. 车四退一！炮8进2

15. 车四退二　炮8退3

16. 车四平二！马3进4

17. 马三进二　马6进7？

18. 前车平三　马7进5

19. 相三进五　车2进5

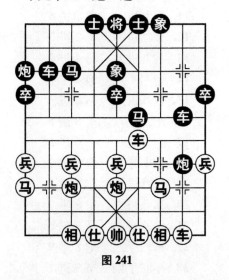

图 241

20. 车三进三　马4进3
21. 炮七平二! 马3进4
22. 仕四进五　车8平3
23. 炮二平六　车2平5
24. 炮六平七　车5平2
25. 车三退二　车2退1
26. 车二平四（图242）

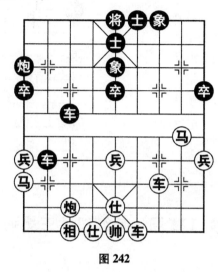

图 242

第 122 局　杨德琪胜苗永鹏

1. 炮二平五　马8进7
2. 马二进三　车9平8
3. 车一平二　马2进3
4. 马八进九　卒7进1
5. 炮八平七　车1平2
6. 车九平八　炮8进4
7. 车八进六　炮2平1
8. 车八平七　车2进2
9. 车七退二　马3进2
10. 车七平八　马2退4
11. 兵九进一　象3进5
12. 车二进一　车2进3（图243）
13. 马九进八　马4进2
14. 炮七平八　马2进4
15. 车二平六　马4进6

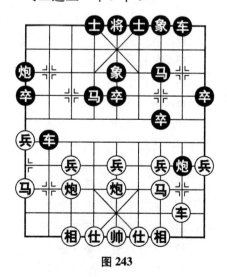

图 243

16. 马八进七　炮1平2
17. 马七进六！炮2退1？
18. 马六退四　炮2平6
19. 炮五进四！士4进5
20. 仕六进五　车8进3
21. 炮八平五　马6退5
22. 车六进五　炮8退2
23. 兵五进一！马5退3
24. 车六平七　将5平4
25. 车七平六　士5进4
26. 车六进一　炮6平4
27. 后炮平六（图244）

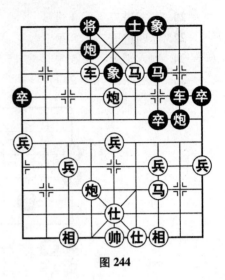

图244

第123局　郝继超胜王晟强

1. 炮二平五　马8进7
2. 马二进三　车9平8
3. 车一平二　马2进3
4. 马八进九　卒7进1
5. 炮八平七　车1平2
6. 车九平八　炮8进4
7. 车八进六　炮2平1
8. 车八平七　车2进2
9. 车七退二　象3进5
10. 兵三进一　马3进2
11. 车七平八　卒7进1
12. 车八平三　马2进1（图245）
13. 炮七退一　车2进6
14. 炮五退一　车2退1
15. 相三进五！炮8退5
16. 马三进四　车2退3
17. 马四进三　炮8进5
18. 炮五平三　马1进3
19. 马九进八　马3退5
20. 车三平五　车8进3
21. 炮七平八　车2平7
22. 马三进五　象7进5
23. 炮三进六　炮1平7

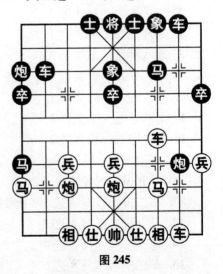

图245

24. 车五退一　卒 5 进 1　　　　**25.** 马八退六！炮 8 退 2

26. 马六进五　士 4 进 5　　　　**27.** 炮八进四！（图 246）

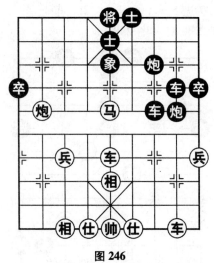

图 246

第 124 局　　陈翀负靳玉砚

1. 炮二平五　马 8 进 7　　　　**2.** 马二进三　车 9 平 8

3. 车一平二　马 2 进 3　　　　**4.** 马八进九　卒 7 进 1

5. 炮八平七　车 1 平 2　　　　**6.** 车九平八　炮 8 进 4

7. 车八进六　炮 2 平 1

8. 车八平七　车 2 进 2

9. 兵五进一　象 3 进 5（图 247）

10. 兵五进一　卒 5 进 1

11. 兵三进一　卒 7 进 1

12. 马三进五　马 3 进 5！

13. 炮五进三　卒 7 平 6

14. 马五进七　车 8 进 4

15. 炮五退四　士 6 进 5

16. 炮七平五　马 5 退 3

17. 车二进二　卒 6 平 5

18. 车二平三　车 8 平 6！

19. 前炮平四　车 2 进 6

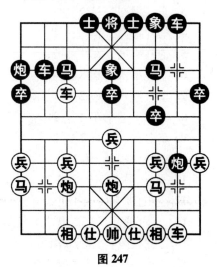

图 247

20. 炮五进一　卒5平4　　21. 车七进一　炮8平5
22. 仕四进五　炮1平2　　23. 帅五平四　炮5进2
24. 帅四平五　马7进5　　25. 车七退一　炮5平9
26. 炮四退二?　车2平8!（图248）

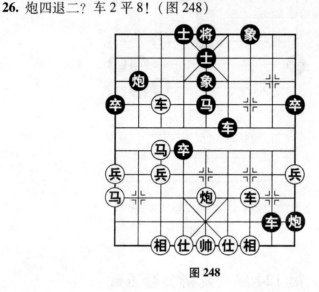

图 248

第 125 局　项阳红胜苗利明

1. 炮二平五　马8进7　　2. 马二进三　车9平8
3. 车一平二　马2进3
4. 马八进九　卒7进1
5. 炮八平七　车1平2
6. 车九平八　炮8进4
7. 车八进六　炮2平1
8. 车八平七　车2进2
9. 车七退二　马3进2
10. 车七平八　马2退4
11. 车八平六　马4进2
12. 炮七进七　士4进5
13. 车六平七　车2退2（图249）
14. 兵三进一　象7进5
15. 炮七退一　马2退4

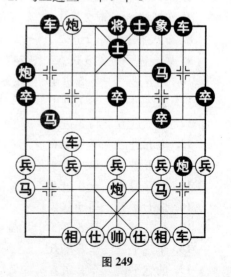

图 249

16. 车七进二　卒7进1？
17. 车七平六　卒7进1
18. 马三退五　炮8平5
19. 车二进九　马7退8
20. 车六平五　炮1进4
21. 炮七平九!　炮1平2
22. 车五进一　车2进3
23. 兵七进一　卒7平6
24. 兵七进一　车2平4
25. 马九进八!　将5平4
26. 兵七平六　车4平2
27. 车五退三　马8进7
28. 车五平七!（图250）

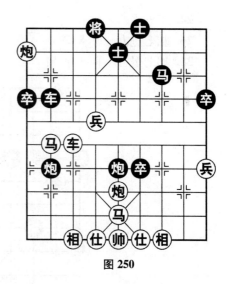

图 250

第 126 局　赵国荣负吕钦

1. 炮二平五　马8进7
2. 马二进三　车9平8
3. 车一平二　马2进3
4. 马八进九　卒7进1
5. 炮八平七　车1平2
6. 车九平八　炮8进4
7. 车八进六　炮2平1
8. 车八平七　车2进2
9. 车七退二　象3进5
10. 兵三进一　马3进2
11. 车七平八　卒7进1
12. 车八平三　马2进1（图251）
13. 车三进三　马1进3
14. 车三退三　车2平4
15. 仕四进五　车8进3
16. 炮五平六　卒5进1
17. 相三进五　车4进1
18. 车三平八　炮1平3
19. 车八进一？车4进2
20. 车八平五　马3进1!
21. 炮六平八　士4进5
22. 炮八进七　车4进3
23. 相五进七　马1退3

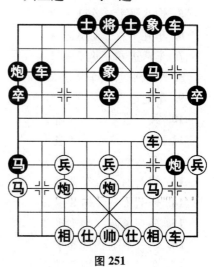

图 251

24. 车五平八	炮 8 平 3！	**25.** 马九进七	炮 3 进 4
26. 相七进九	车 8 平 4	**27.** 帅五平四	马 3 进 4
28. 相七退五	前车平 5！	**29.** 马三退五	马 4 退 5（图 252）

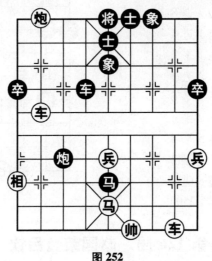

图 252

第 127 局　王斌胜聂铁文

1. 炮二平五	马 2 进 3	**2.** 马二进三	马 8 进 7
3. 车一平二	车 9 平 8	**4.** 马八进九	卒 7 进 1
5. 炮八平七	车 1 平 2		
6. 车九平八	炮 8 进 4		
7. 车八进六	炮 2 平 1		
8. 车八平七	车 2 进 2		
9. 车七退二	象 3 进 5		
10. 兵三进一	马 3 进 2		
11. 车七平八	卒 7 进 1		
12. 车八平三	马 2 进 1		
13. 炮七退一	车 2 进 5（图 253）		
14. 炮七平三	炮 8 退 5		
15. 马三进四	炮 1 平 3		
16. 炮三平七！	炮 8 平 7		
17. 车二进九	炮 7 进 4		

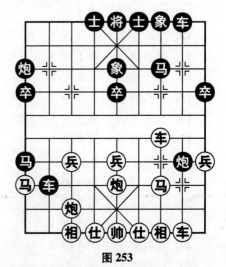

图 253

18. 车二退五　炮3进6
19. 车二平三　炮3平2
20. 车三进三　车2平1
21. 炮五进四　士4进5
22. 车三进二！车1平4
23. 车三退四　车4退2？
24. 马四进六　炮2退2
25. 车三平五！马1进2
26. 仕四进五　马2退3
27. 马六进五　将5平4
28. 炮五平三！车4退2
29. 炮三退三（图254）

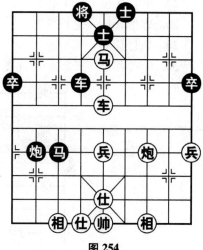

图 254

第128局　武发强负宗永生

1. 炮二平五　马8进7
2. 马二进三　车9平8
3. 车一平二　马2进3
4. 马八进九　卒7进1
5. 炮八平七　车1平2
6. 车九平八　炮8进4
7. 车八进六　炮2平1
8. 车八平七　车2进2
9. 车七退二　马3进2
10. 车七平八　马2退4
11. 车八平六　马4进2
12. 炮七进七　士4进5
13. 车六平七　炮1进4（图255）
14. 车二进一　车2平4
15. 兵三进一　卒7进1
16. 车二平八？卒7进1！
17. 车八进四　卒7进1
18. 炮七平八　炮8平7！
19. 相三进一　象7进5
20. 仕六进五　车8进8
21. 炮五平六　卒7平6！
22. 帅五平六　炮7进3
23. 帅六进一　卒6平5

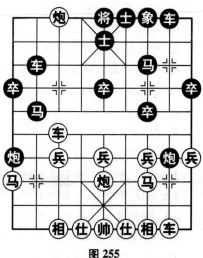

图 255

24. 车七进五　车4退2　　　25. 炮六进六？炮7平3

26. 马九退七　炮1进2　　　27. 帅六退一　前卒进1

28. 车七退一　车4进1　　　29. 车七平六　前卒平4

30. 帅六平五　车8进1！（图256）

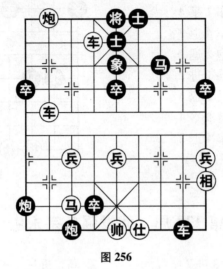

图256

第 129 局　吕钦负阎文清

1. 炮二平五　马8进7　　　　2. 马二进三　车9平8

3. 车一平二　卒7进1

4. 马八进九　马2进3

5. 炮八平七　车1平2

6. 车九平八　炮8进4

7. 车八进六　炮2平1

8. 车八平七　车2进2

9. 车七退二　象3进5

10. 兵三进一　马3进2

11. 车七平八　卒7进1

12. 车八平三　马2进1

13. 炮七退一　车2进5

14. 炮七平三　车8进1！（图257）

15. 马三退一　炮1平3

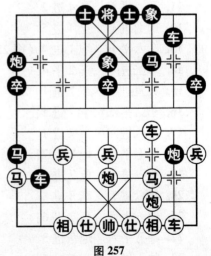

图257

16. 车二进三　炮3进7

17. 仕六进五　车8平4

18. 车三进三　士4进5

19. 炮三进一?　马1进3!

20. 仕五进六　炮3平1

21. 炮五平七　车4进6

22. 车二退一　象7进9

23. 车三平五　象9进7

24. 车五退一　车2进2

25. 帅五进一　车2退1

26. 炮七退一　车4平1

27. 炮三平六　车2平3

28. 帅五进一　车3平4

29. 仕四进五　车1平2

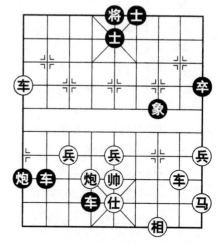

图 258

30. 车五平九　炮1退2（图258）

第 130 局　赵国荣胜钟涛

1. 炮二平五　马8进7

2. 马二进三　车9平8

3. 车一平二　马2进3

4. 马八进九　卒7进1

5. 炮八平七　车1平2

6. 车九平八　炮8进4

7. 车八进六　炮2平1

8. 车八平七　车2进2

9. 车七退二　马3进2

10. 车七平八　马2退4

11. 兵九进一　象7进5

12. 车二进一　车2进3

13. 马九进八　马4进2

14. 炮七退一　炮1进3（图259）

15. 炮五平八　车8进5

16. 马八进六　车8平4

17. 马六进八　炮8退2

18. 马八进七　将5进1

19. 炮七平八　将5平4

20. 仕四进五　炮1进3?

21. 车二进四!　马7进8

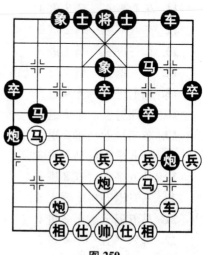

图 259

139

22. 后炮进四　车 4 平 2
23. 马七退六！士 4 进 5
24. 后炮平六　士 5 进 4
25. 马六退五　车 2 平 4
26. 炮八平二　炮 1 退 4
27. 炮二平九　卒 1 进 1
28. 马五进四　士 6 进 5
29. 兵三进一　卒 7 进 1
30. 马四退三　将 4 退 1
31. 前马进二（图 260）

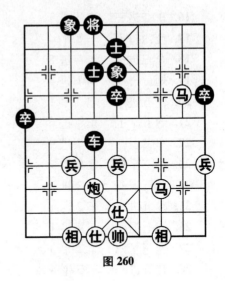

图 260

第 131 局　付光明胜李强

1. 炮二平五　马 8 进 7	2. 马二进三　卒 7 进 1
3. 马八进九　车 9 平 8	4. 炮八平七　马 2 进 3
5. 车九平八　车 1 平 2	6. 车一平二　炮 8 进 4
7. 车八进六　炮 2 平 1	8. 车八平七　车 2 进 2
9. 车七退二　象 3 进 5	10. 兵三进一　马 3 进 2

11. 车七平八　卒 7 进 1
12. 车八平三　马 2 进 1
13. 车三进三　马 1 进 3
14. 车三退三　炮 1 进 5（图 261）
15. 相七进九　士 4 进 5
16. 仕四进五　车 2 进 2
17. 车三平七　车 2 退 1
18. 仕五进六！马 3 进 4？
19. 帅五平六　车 8 进 4
20. 马三退五！车 8 平 4
21. 马五退七　车 2 进 6
22. 帅六平五　车 4 进 3
23. 车七平八　车 2 平 1

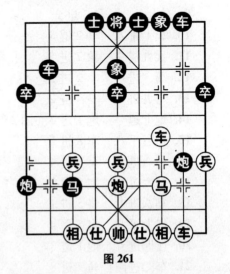

图 261

24. 炮五进四！ 炮 8 平 3   25. 车二进二   车 4 退 7

26. 车二平四   炮 3 退 6   27. 车八进五   卒 1 进 1

28. 兵五进一   卒 1 进 1   29. 兵五进一   卒 1 进 1

30. 兵五平六！（图 262）

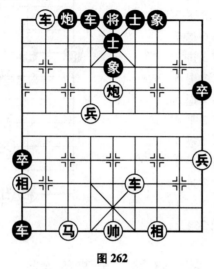

图 262

第 132 局   胡荣华胜卜凤波

1. 炮二平五   马 8 进 7   2. 马二进三   车 9 平 8

3. 车一平二   马 2 进 3

4. 马八进九   卒 7 进 1

5. 炮八平七   车 1 平 2

6. 车九平八   炮 8 进 4

7. 车八进六   炮 2 平 1

8. 车八平七   车 2 进 2

9. 车七退二   马 3 进 2

10. 车七平八   马 2 退 4

11. 车八平六   马 4 进 2

12. 炮七进七   士 4 进 5

13. 车六平七   炮 1 进 4（图 263）

14. 兵三进一   卒 7 进 1

15. 车七平三   马 7 进 6

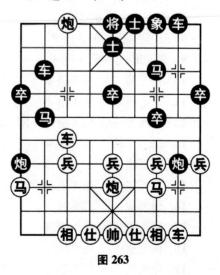

图 263

16. 车三平八　车 8 进 2
18. 马三进五　炮 1 平 5
20. 车五退一　马 3 进 4
21. 炮八平六　马 4 退 6
22. 帅五进一　车 8 平 3
23. 帅五进一！马 6 退 7
24. 车五平二　车 3 进 3
25. 马九进七！车 3 退 5
26. 前车平三　马 7 退 5
27. 车二进六　车 2 平 4
28. 车二平五　车 4 进 4
29. 车三平六　马 5 进 4
30. 马七进六　车 3 进 4
31. 车五退三　车 3 退 1？
32. 车五平六（图 264）

17. 炮五平八！马 6 进 5
19. 车八平五　马 2 进 3

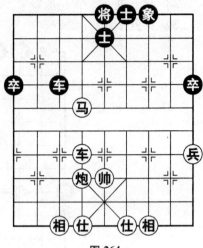

图 264

第 133 局　金波负徐超

1. 炮二平五　马 2 进 3
3. 车一平二　车 9 平 8
5. 炮八平七　车 1 平 2
7. 车八进六　炮 2 平 1
8. 车八平七　车 2 进 2
9. 车七退二　象 3 进 5
10. 兵三进一　马 3 进 2
11. 车七平八　卒 7 进 1
12. 车八平三　马 7 进 6（图 265）
13. 车三平八　马 2 退 4
14. 炮五进四　士 4 进 5
15. 车八进三　马 4 退 2
16. 炮五退一　车 8 进 3
17. 相三进五　炮 1 进 4
18. 兵七进一　马 2 进 1
19. 仕四进五　马 1 进 2

2. 马二进三　马 8 进 7
4. 马八进九　卒 7 进 1
6. 车九平八　炮 8 进 4

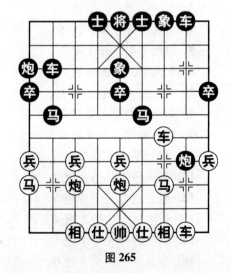

图 265

20. 车二平四　马6进7

21. 车四进四　炮8进3!

22. 相五进三?　炮8平9

23. 帅五平四　将5平4

24. 炮七进一　炮1平3

25. 车四平六　将4平5

26. 车六平四　将5平4

27. 马九进七　车8进6

28. 帅四进一　车8退2!

29. 车四平六　将4平5

30. 车六平四　将5平4

31. 车四平六　将4平5

32. 车六平四　将5平4（图266）

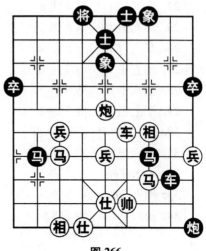

图266

第134局　刘殿中胜徐天红

1. 炮二平五　马8进7　　**2.** 马二进三　车9平8

3. 车一平二　马2进3　　**4.** 马八进九　卒7进1

5. 炮八平七　车1平2　　**6.** 车九平八　炮8进4

7. 车八进六　炮2平1　　**8.** 车八平七　车2进2

9. 车七退二　马3进2　　**10.** 车七平八　马2退4

11. 车八平六　马4进2

12. 炮七进七　士4进5

13. 车六平七　炮1进4

14. 车二进一　车2平4（图267）

15. 兵三进一　卒7进1

16. 车二平八　卒7进1

17. 车八进四　卒7进1

18. 炮五平八!　象7进5

19. 车八平六　车4平2

20. 炮七平九!　炮1退6

21. 车六进三　炮1平4

22. 马九进八　车2平4

23. 马八进七　车4退1

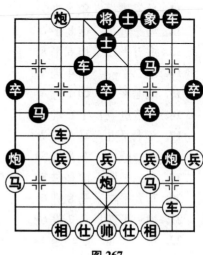

图267

24. 炮八进七！ 炮4进9
25. 马七进六　炮8退5
26. 车七进五　士5退4
27. 帅五平六　马7进6
28. 炮八平九　马6进5
29. 车七退二　将5进1
30. 炮九退一！将5退1
31. 马六退四　炮8平6
32. 车七平五　士4进5
33. 炮九平四　马5进3
34. 帅六进一（图268）

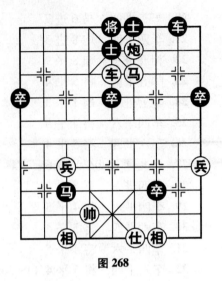

图 268

第 135 局　陆伟韬胜赵鑫鑫

1. 炮二平五　马8进7
2. 马二进三　车9平8
3. 车一平二　马2进3
4. 马八进九　卒7进1
5. 炮八平七　车1平2
6. 车九平八　炮8进4
7. 车八进六　炮2平1
8. 车八平七　车2进2
9. 车七退二　象3进5
10. 兵三进一　马3进4（图269）
11. 兵三进一　象5进7
12. 马三进二　炮8平6
13. 炮五平二　炮6平8
14. 炮二平一　马4进5
15. 炮七平五　炮1进4
16. 车二进三！士6进5
17. 车七平九　马5退7
18. 车二退二　车8进5！
19. 车二平四　前马进8
20. 车九平二　马8进6
21. 炮一平四！马7进6？
22. 车二平四　后马退4
23. 车四平三　炮1平9

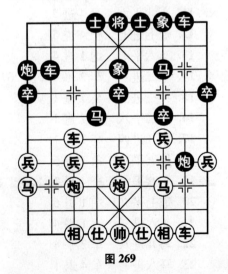

图 269

24. 车三进一 炮9平5
25. 仕四进五 车2平6
26. 帅五平四 象7进5
27. 车三平六！ 马6进8
28. 车六进一 车6平7
29. 相三进一 车7进1
30. 马九进八 炮5平8
31. 车六退二 炮8进2
32. 车六平三 车7平8
33. 车三退三 卒5进1
34. 马八进六（图270）

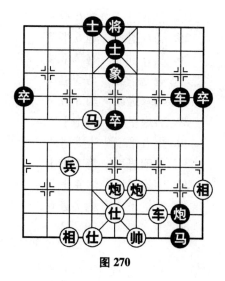

图 270

第136局 王晓华负阎文清

1. 炮二平五 马8进7
2. 马二进三 车9平8
3. 车一平二 马2进3
4. 马八进九 卒7进1
5. 炮八平七 车1平2
6. 车九平八 炮8进4
7. 车八进六 炮2平1
8. 车八平七 车2进2
9. 车七退二 马3进2
10. 车七平八 马2退4
11. 兵九进一 车2进3
12. 马九进八 士4进5（图271）
13. 马八进六 象3进5
14. 兵五进一 炮1平4
15. 马六退四 炮8平3！
16. 车二进九 炮3进3
17. 帅五进一？ 马7退8
18. 马四进五 马4进5
19. 马三进五 马5进7
20. 后马进六 马7退5
21. 马六进八 炮4退1！
22. 炮五进一 卒7进1
23. 相三进五 炮3平6

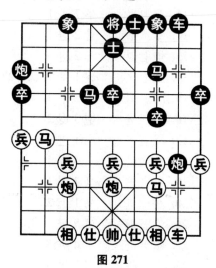

图 271

24. 相五进三　炮6退6
25. 马八退六　炮6平7
26. 马五进七　炮7平4
27. 炮七平五　马5退3
28. 马六进四　马8进7
29. 后炮平三　前炮平5！
30. 炮五平三　士5进4
31. 马四进三　将5进1
32. 前炮进四　炮4平7
33. 前炮平六？炮7进6
34. 炮六退二（图272）

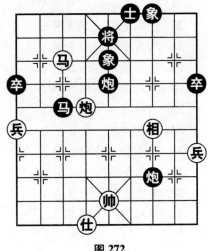

图 272

第137局　王斌胜谢业枧

1. 炮二平五　马8进7
2. 马二进三　车9平8
3. 车一平二　马2进3
4. 马八进九　卒7进1
5. 炮八平七　车1平2
6. 车九平八　炮8进4
7. 车八进六　炮2平1
8. 车八平七　车2进2
9. 车七退二　象3进5
10. 兵三进一　马3进2
11. 车七平八　卒7进1
12. 车八平三　马2进1
13. 炮七退一　车2进5
14. 炮七平三　炮1平3（图273）
15. 马三退五！车2平4
16. 炮三进六　炮3退2
17. 马五进七　马1进3
18. 仕六进五　车4退4
19. 马九进八　马3退1
20. 相七进九　马1退2
21. 炮三退一！卒5进1
22. 炮五进三　士4进5
23. 车二进二　车8进3

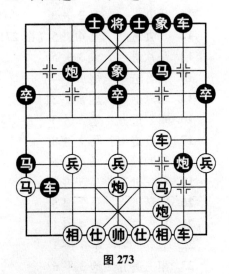

图 273

24. 车三平七　炮3平4
25. 炮三退四　马2进4?
26. 炮五退一!　炮8退1
27. 炮三平六　车4平5
28. 炮六进七　将5平4
29. 车二进二!　车8进2
30. 车七平六　士5进4
31. 马八进九　将4进1
32. 马九进八　将4平5
33. 车六进三　车8平6
34. 马八进六　车5进1
35. 车六退二（图274）

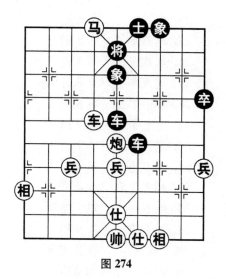

图 274

第138局　赵国荣胜靳玉砚

1. 炮二平五　马8进7
2. 马二进三　车9平8
3. 车一平二　马2进3
4. 马八进九　卒7进1
5. 炮八平七　车1平2
6. 车九平八　炮8进4
7. 车八进六　炮2平1
8. 车八平七　车2进2
9. 车七退二　马3进2
10. 车七平八　马2退4
11. 兵九进一　象7进5
12. 车二进一　车2进3
13. 马九进八　马4进2
14. 炮七平八　炮1平2
15. 炮八进三　炮2进3（图275）
16. 车二平八　车8进5
17. 炮八进二!　马7进6
18. 炮五进四　士6进5
19. 兵三进一!　车8平7
20. 相七进五　车7平4
21. 车八平二　炮8退1
22. 马三进二　炮2平8
23. 车二平四　马6进5?

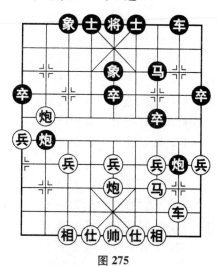

图 275

24. 车四进五　车4退2
25. 车四平一　炮8退5
26. 炮八退六　马5进7
27. 炮八平七　象3进1
28. 车一平三　炮8平6
29. 炮七平二!　马7退8
30. 车三平四　卒7进1
31. 相五进三　车4进3
32. 相三进五　车4平9
33. 炮五退二　象1退3
34. 兵七进一　车9退3
35. 车四进二　车9进3
36. 炮二平七（图276）

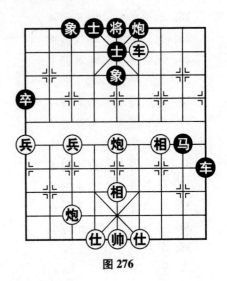

图 276

第139局　刘殿中负王嘉良

1. 炮二平五　马8进7
2. 马二进三　车9平8
3. 车一平二　马2进3
4. 马八进九　卒7进1
5. 炮八平七　车1平2
6. 车九平八　炮8进4
7. 车八进六　炮2平1
8. 车八平七　车2进2
9. 车七退二　象3进5
10. 兵三进一　马3进2（图277）

11. 兵三进一　马2进1
12. 车七平二　车8进5
13. 马三进二　马1进3
14. 车二进三　象5进7
15. 兵五进一?　车2进6!
16. 兵七进一　马3进1!
17. 兵五进一　炮1进5
18. 兵五进一　士4进5
19. 兵五平四　象7进5
20. 车二平五　车2平4
21. 仕四进五　马1进3!
22. 车五平九　炮1平3
23. 车九进三　马3退1

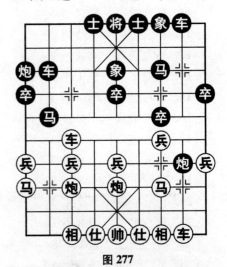

图 277

24. 帅五平四　炮3进2
25. 帅四进一　马1退3
26. 帅四进一　炮3退4
27. 马二退四　马3退5
28. 炮五进五　将5平4
29. 车九退三　马7进6
30. 马四进五？马5退7!
31. 帅四平五　马7退5
32. 炮五平二　士5进6
33. 炮二进二　士6进5
34. 炮二退一　炮3退5
35. 炮二退三　车4平1
36. 车九平七　车1平3!（图278）

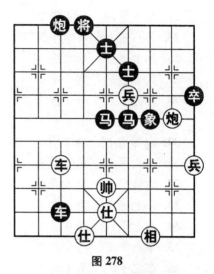

图 278

第140局　李望祥负庄玉庭

1. 炮二平五　马8进7
2. 马二进三　车9平8
3. 车一平二　马2进3
4. 马八进九　卒7进1
5. 炮八平七　车1平2
6. 车九平八　炮8进4
7. 车八进六　炮2平1
8. 车八平七　车2进2
9. 车七退二　马3进2
10. 车七平八　马2退4（图279）
11. 兵九进一　象7进5
12. 车八进三　马4退2
13. 车二进一　炮1进3
14. 车二平八　马2进1
15. 马九进八　卒7进1!
16. 马八进六　卒7进1
17. 车八进七　士4进5
18. 车八进一　炮8退4
19. 马三退五　炮1平7
20. 车八退五　炮7退1
21. 车八平三　炮8进2
22. 马六进八　炮8退3
23. 车三退一　炮8平7

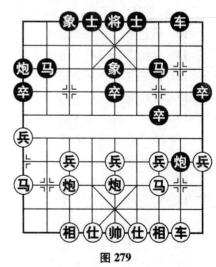

图 279

24. 车三平四　马1进2
25. 马八进七?　后炮平3
26. 炮七进六　车8进5!
27. 兵五进一　炮7平3
28. 车四平六　马2进3
29. 车六退二　车8平5
30. 炮五平七　炮3平5!
31. 车六平七　马7进8
32. 后炮平八　马8进6
33. 车七进一　象3进1
34. 车七平六　马6进8
35. 车六平二　马8退7
36. 车二平四　卒1进1
37. 炮八进三　车5平2（图280）

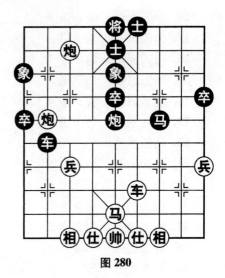

图 280

第141局　谢卓淼负陈启明

1. 炮二平五　马2进3	2. 马二进三　马8进7
3. 车一平二　车9平8	4. 马八进九　卒7进1
5. 炮八平七　车1平2	6. 车九平八　炮8进4
7. 车八进六　炮2平1	8. 车八平七　车2进2

9. 车七退二　马3进2
10. 车七平八　马2退4
11. 兵九进一　象7进5
12. 车二进一　车2进3
13. 马九进八　马4进2
14. 车二平六　车8进5（图281）
15. 兵三进一　车8平7
16. 兵五进一　士4进5
17. 马八进六　车7进1
18. 兵七进一　炮1平4
19. 马六进八　炮4平2
20. 兵七进一　马2进3
21. 兵七进一　炮8退3

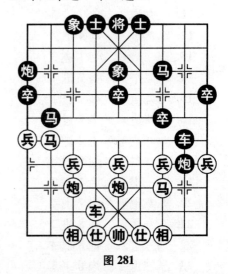

图 281

22. 兵七平六　马3退5！

23. 兵六平五　炮8平2

24. 车六进三　马7进5！

25. 车六平五　马5进3

26. 车五退一　马3进2！

27. 仕四进五　前炮平3

28. 相七进九　卒7进1

29. 车五平三　卒7进1

30. 马三进五　马2进3

31. 帅五平四　炮3平6

32. 马五进六　炮6进1

33. 相九退七　炮2进4

34. 炮五平一？炮2平6

35. 马六退四　卒7进1

36. 帅四进一　卒7进1

37. 帅四退一　前炮进2！（图282）

图282

第142局　陆伟韬负汪洋

1. 炮二平五　马8进7　　　2. 马二进三　车9平8

3. 车一平二　马2进3　　　4. 马八进九　卒7进1

5. 炮八平七　车1平2　　　6. 车九平八　炮8进4

7. 车八进六　炮2平1

8. 车八平七　车2进2

9. 车七退二　象3进5

10. 兵三进一　马3进2（图283）

11. 兵三进一？马2进1！

12. 车七平六　马1进3

13. 兵三进一　车2进6

14. 马九进八　炮8平3！

15. 马八退七　车8进9

16. 马三退二　炮3进3

17. 仕六进五　马7退8

18. 马二进三　士6进5

19. 马三进四　炮3平1

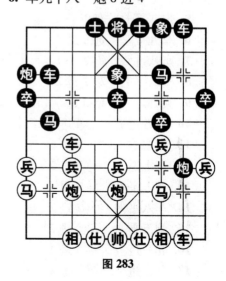

图283

20. 仕五进四	车2进1	**21.** 帅五进一	车2退3
22. 车六退一	车2进2	**23.** 帅五退一	马8进9
24. 相三进一	车2进1	**25.** 帅五进一	车2平6
26. 马七进六	车6退2	**27.** 马六进五	前炮平6!

28. 车六进一	炮6退4
29. 马五退四	车6平9
30. 兵三平二	车9进1
31. 帅五退一	车9退2
32. 车六平五	卒9进1
33. 兵二平一	马9退8
34. 兵一平二	车9退1
35. 马四进三	车9进2
36. 帅五进一	马8进9
37. 马三退五	马9退8
38. 车五平二	马8退6
39. 马五进七	炮1平4（图284）

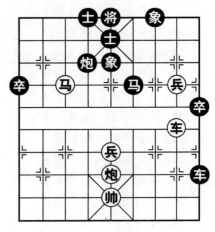

图 284

第143局　蒋志梁负阎文清

1. 炮二平五	马8进7	**2.** 马二进三	车9平8
3. 车一平二	马2进3	**4.** 马八进九	卒7进1

5. 炮八平七	车1平2
6. 车九平八	炮8进4
7. 车八进六	炮2平1
8. 车八平七	车2进2
9. 兵九进一	象3进5（图285）
10. 仕四进五	士4进5
11. 车二进二	马7进6
12. 车七退二	马3进2
13. 车七平八	马2退4
14. 车八平四	车2进2
15. 炮五平六	车8进2!
16. 相三进五	卒5进1
17. 兵三进一	卒7进1

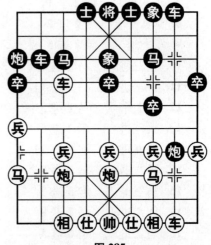

图 285

18. 车四平三　炮 8 平 7　　　　19. 车二进五　炮 1 平 8

20. 炮七退一　卒 5 进 1　　　　21. 兵五进一　马 4 退 6

22. 仕五进四　后马进 7　　　　23. 炮七平四　炮 8 平 7！

24. 车三平四　马 6 退 4　　　　25. 仕四退五　马 7 进 5

26. 马三进五　车 2 平 8　　　　27. 炮四退一　前炮退 3

28. 马九进八　前炮平 5

29. 炮六进三？炮 5 进 3！

30. 车四平五　炮 7 进 7

31. 炮四进三　炮 7 平 9！

32. 车五退一　车 8 进 5

33. 炮四退三　车 8 退 3

34. 炮四进三　马 4 进 6

35. 车五平六　马 6 进 8

36. 炮四退一　车 8 进 3

37. 仕五退四　马 8 进 7

38. 兵一进一　车 8 平 6

39. 帅五进一　车 6 退 2（图 286）

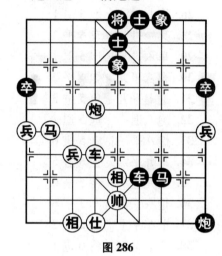

图 286

第 144 局　吕钦胜聂铁文

1. 炮二平五　马 8 进 7　　　　2. 马二进三　车 9 平 8

3. 车一平二　马 2 进 3

4. 马八进九　卒 7 进 1

5. 炮八平七　车 1 平 2

6. 车九平八　炮 8 进 4

7. 车八进六　炮 2 平 1

8. 车八平七　车 2 进 2

9. 车七退二　马 3 进 2

10. 车七平八　马 2 退 4

11. 车八平六　马 4 进 2

12. 炮七进七　士 4 进 5

13. 车六平七　炮 1 进 4

14. 兵三进一　卒 7 进 1（图 287）

15. 车七平三　马 7 进 6

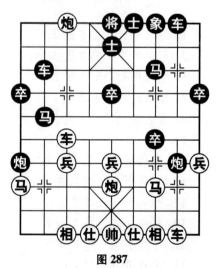

图 287

16. 车三平八　马6进5?　　　17. 马三进四　马5退7
18. 车二进一!　车8进2　　　19. 车二平三　车8平7
20. 马四进五　炮8平5　　　21. 炮五平八!　马7进6
22. 车三平四　车7平5　　　23. 车四进一　车5进1
24. 炮八进三　象7进5　　　25. 炮七退五　炮5退1
26. 炮七进四　炮5退1　　　27. 车四平六　车2进1
28. 兵一进一　车5平3
29. 车六进三!　炮5退1
30. 车八平九　炮1平2
31. 炮七平九　象5进3
32. 炮八退一　炮5退1
33. 炮八平三!　士5进6
34. 车九平六　士6进5
35. 炮九进一　将5平6
36. 炮三平四　车3平6
37. 前车平七　炮2退2
38. 车七进四　将6进1
39. 炮九退一　车2退2
40. 车七退二（图288）

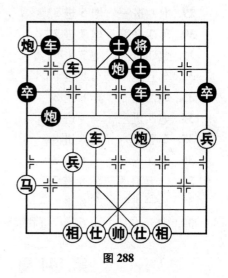

图288

第145局　阮成保负洪智

1. 炮二平五　马8进7　　　2. 马二进三　车9平8
3. 车一平二　马2进3　　　4. 马八进九　卒7进1
5. 炮八平七　车1平2　　　6. 车九平八　炮8进4
7. 车八进六　炮2平1　　　8. 车八平七　车2进2
9. 车七退二　马3进2　　　10. 车七平八　马2退4
11. 车八平六　马4进2　　　12. 车六平八　马2退4
13. 车八平六　马4进2　　　14. 炮七进七　士4进5
15. 车六平七　炮1进4　　　16. 兵三进一　卒7进1
17. 车七平三　马7进6　　　18. 车三平八　马6进5（图289）
19. 马三进四　马5退7　　　20. 车二进一　车8进2
21. 车二平三　炮8平5　　　22. 炮五平八　马2进4!
23. 炮八进五　马4进5　　　24. 仕四进五　马5进7

25. 帅五平四	车8平2	26. 车八进三	炮5平6!
27. 帅四进一	前马退8	28. 仕五退四	马7进6
29. 帅四平五	马8退6	30. 相三进五	前马进8
31. 车八进二?	马6进4	32. 帅五平六	马8进6
33. 帅六进一	炮6退4!	34. 炮七退五	士5退4
35. 炮七进五	士4进5	36. 炮七退五	士5退4
37. 炮七平五	士6进5	38. 车八退二	马4退3
39. 车八退三	卒5进1	40. 炮五退一	炮1平5（图290）

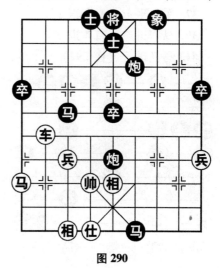

图289　　　　　　　　　　　　图290

第146局　蒋川胜赵国荣

1. 炮二平五	马8进7	2. 马二进三	车9平8
3. 车一平二	马2进3	4. 马八进九	卒7进1
5. 炮八平七	车1平2	6. 车九平八	炮8进4
7. 车八进六	炮2平1	8. 车八平七	车2进2
9. 兵五进一	士4进5	10. 兵五进一	卒5进1
11. 兵三进一	卒7进1（图291）	12. 马三进五	炮8平3
13. 炮五进三	象3进5	14. 炮七平二	车8进4
15. 马五进三	炮3平7	16. 相三进五	马3进5
17. 车二平三	炮7平5	18. 仕四进五	车2平4
19. 马九进七	卒1进1?	20. 马七进八	炮1退1

21. 炮二平三! 车4进4　　22. 炮三进五　马5退7
23. 车七进三　车4退6　　24. 车七退一　炮1进2
25. 马三进四　车8退3　　26. 马八进七! 炮1平5
27. 马七退五　车4进3　　28. 车七退五　车8进5
29. 马四退五! 炮5退2　　30. 车七平二　马7进5
31. 车三进六　车4进2　　32. 马五退四　马5进3
33. 车二平五　炮5平7　　34. 车三平一　车4平8
35. 车五平二　车8平4　　36. 车一退二　车4进3
37. 车一平七　炮7退1　　38. 车二进三　炮7退2
39. 马四进三　车4退2　　40. 兵一进一　士5进6?
41. 马三进五（图292）

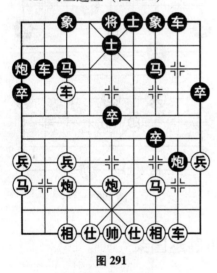

图291

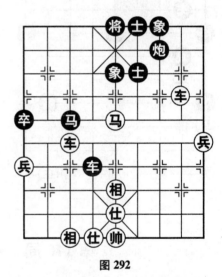

图292

第147局　李艾东胜张申宏

1. 炮二平五　马8进7　　2. 马二进三　车9平8
3. 车一平二　马2进3　　4. 马八进九　卒7进1
5. 炮八平七　车1平2　　6. 车九平八　炮8进4
7. 车八进六　炮2平1　　8. 车八平七　车2进2
9. 车七退二　马3进2　　10. 车七平八　马2退4
11. 兵九进一　象7进5　　12. 车八进三　马4退2
13. 车二进一　炮1进3　　14. 车二平八　马2进3（图293）

15. 马九进八 卒7进1
16. 炮七进三 象5进3
17. 马八进九 卒7进1
18. 马九退七！ 炮1退4
19. 车八进六 车8平7
20. 车八进一！ 士6进5
21. 车八平九 卒7进1
22. 炮五平七 炮8退5
23. 车九退三 车7进1
24. 车九进三 车7退1
25. 车九退四 象3进5
26. 炮七平八！ 马7进6
27. 炮八进七 象5退3
28. 马七进八 马6退5？
29. 车九平二 炮8平6
30. 车二进四 炮6平7
31. 相七进五 卒7进1
32. 马八进七！ 马5退3
33. 炮八退一 将5平6
34. 马七退九 卒7平6
35. 仕六进五 炮7进3
36. 炮八进一 马3退5
37. 车二退七 炮7进4
38. 马九退七 车7进3
39. 车二进三 车7退1
40. 马七退五 车7平5
41. 马五退三！（图294）

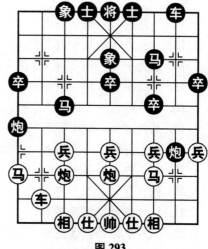

图 293

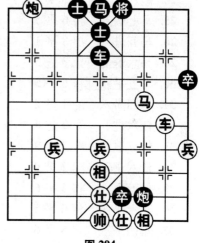

图 294

第148局 许银川胜陶汉明

1. 炮二平五 马8进7
2. 马二进三 车9平8
3. 车一平二 马2进3
4. 马八进九 卒7进1
5. 炮八平七 车1平2
6. 车九平八 炮8进4
7. 车八进六 炮2平1
8. 车八平七 车2进2

157

9. 车七退二　马3进2　　　10. 车七平八　马2退4

11. 兵九进一　象7进5　　　12. 车二进一　车2进3

13. 马九进八　马4进2

14. 炮七平八　马2进4（图295）

15. 车二平六　马7进6

16. 马八进六　士6进5

17. 马六进八　炮1平3

18. 相七进九　马4进5

19. 相三进五　马6进7

20. 相五退三　车8进5？

21. 马八进七！将5平6

22. 车六平四　士5进6

23. 车四进五　炮8进1

24. 炮八进七！炮3平4

25. 马七退五　将6平5

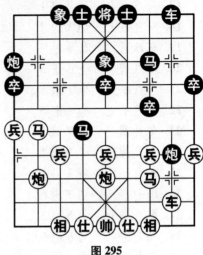

图 295

26. 马五进六　炮8平1

27. 车四进一　车8平2

28. 马六退七　象3进5

29. 车四平五　将5平6

30. 车五平四　将6平5

31. 车四平六　炮1进2

32. 仕六进五　车2进4

33. 仕五退六　车2退9

34. 仕六进五　车2进9

35. 仕五退六　将5平6

36. 车六平四　将6平5

37. 车四平三　将5平6

38. 车三进二　将6进1

39. 车三退四　车2退7

40. 仕六进五　车2平3

41. 车三退二　车3进4

42. 仕五进六　炮1退2

43. 相三进五（图296）

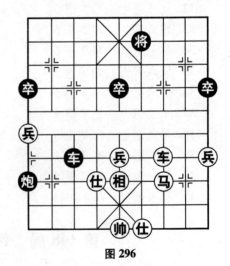

图 296

第 149 局　景学义负李智屏

1. 炮二平五　马8进7
2. 马二进三　车9平8
3. 车一平二　马2进3
4. 马八进九　卒7进1
5. 炮八平七　车1平2
6. 车九平八　炮8进4
7. 车八进六　炮2平1
8. 车八平七　车2进2
9. 车七退二　马3进2
10. 车七平八　马2退4
11. 兵九进一　象7进5
12. 车八进三　马4退2
13. 车二进一　士6进5
14. 车二平八　马2进3（图297）
15. 车八进三　马3退4
16. 炮五平六　炮8退1
17. 车八平六　马7进6
18. 车六平四　马6退7
19. 相三进五　炮8平1
20. 车四平六　马7进6
21. 车六进一　马6进7
22. 马九进八?　前炮进4!
23. 仕四进五　车8平6
24. 马八进九　车6进4
25. 车六平四　马7退6

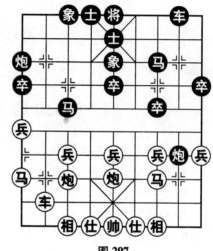

图 297

26. 马三进四　前炮退3
27. 兵七进一　马6进4
28. 炮六进五　士5进4
29. 炮七平六　士4进5
30. 兵五进一　前炮平6!
31. 炮六平八　卒7进1
32. 炮八进七　士5退4
33. 马四进三　炮1平2
34. 马九进七　马4退3
35. 炮八平六　炮2退1
36. 炮六退一　将5进1
37. 兵七进一　象5进3
38. 炮六平七　马3进1
39. 炮七退三　马1进1
40. 炮七平四　炮2进2
41. 马三进二　卒7进1
42. 帅五平四　炮2平3!
43. 马七退九　卒7进1
44. 帅四进一　炮3进5!
45. 仕五进六　卒7进1
46. 帅四进一　马2进4
47. 马九退七　炮3退1（图298）

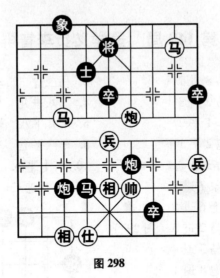

图 298

第150局　赵国荣胜邱东

1. 炮二平五　马8进7	2. 马二进三　车9平8
3. 车一平二　马2进3	4. 马八进九　卒7进1
5. 炮八平七　车1平2	6. 车九平八　炮8进4
7. 车八进六　炮2平1	8. 车八平七　车2进2
9. 车七退二　马3进2	10. 车七平八　马2退4

11. 车八平六　马4进2
12. 车六平八　马2退4
13. 兵九进一　象7进5
14. 车八进三　马4退2
15. 车二进一　士6进5
16. 车二平八　马2进3
17. 车八进三　炮8退1
18. 炮五平六　炮1平4（图299）
19. 相七进五　象3进1
20. 仕六进五　车8进3
21. 车八平四　卒5进1
22. 兵七进一　马3退2
23. 炮七平八　马7进5

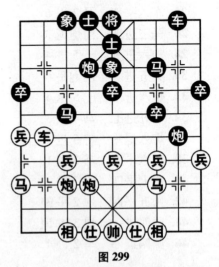

图 299

24. 炮八进二　炮8退1　　25. 炮六平八　马2退4
26. 后炮平六　马4进2　　27. 炮八退四　炮8进1
28. 炮八进四　炮8退1　　29. 炮六平八　马2退4
30. 后炮平七　马4进2　　31. 炮七平八　马2退4
32. 车四平六　马5退7　　33. 后炮退二　车8平5
34. 兵三进一　卒7进1　　35. 车六平三　车5平6
36. 车三平六　炮8平7　　37. 马三进二　卒9进1
38. 前炮退二　马7进8
39. 马九进八　炮7退3
40. 后炮平七！马8进6？
41. 马八进七！马4进2
42. 马七进五　炮7平6
43. 马五进三　车6退1
44. 马三退二　马6进8
45. 车六平三　车6平8
46. 前马退四　炮4进6
47. 炮七进一　士5退6
48. 车三平六！炮6平4
49. 马二退四　车8平6
50. 前马退二（图300）

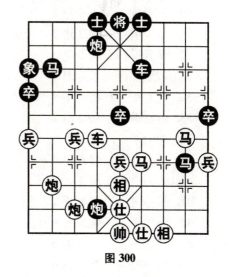

图300

第151局　柳大华胜吕钦

1. 炮二平五　马8进7　　2. 马二进三　车9平8
3. 车一平二　马2进3　　4. 马八进九　卒7进1
5. 炮八平七　车1平2　　6. 车九平八　炮8进4
7. 车八进六　炮2平1　　8. 车八平七　车2进2
9. 车七退二　象3进5　　10. 兵三进一　马3进2
11. 车七平八　卒7进1　　12. 车八平三　马2进1
13. 炮七退一　车2进5（图301）　14. 兵七进一　炮8退5
15. 车三平六　马1退2　　16. 兵七进一！象5进3
17. 车六进三　象7进5　　18. 车六平八　车2进1
19. 炮七进一　炮1进5　　20. 炮五平九　马7进6
21. 仕四进五　马6进4　　22. 炮七进二　车2退1

23. 相三进五　炮8进7

24. 车八退一　卒1进1

25. 马三进四　车2进1

26. 马四进五　马4退5

27. 车八平五　马2进3

28. 炮九平六　卒1进1

29. 炮六进四！车2平4?

30. 车五进一　士4进5

31. 车五退一　马3进5

32. 车五平四　马5进3

33. 帅五平四　车4退2

34. 炮七平三！将5平4

35. 炮三退三　马3退2

36. 炮六平一　车4平5

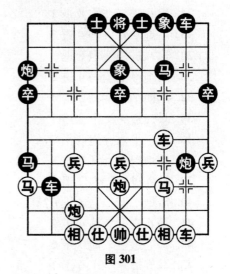

图 301

37. 炮一平二　炮8退2

38. 车二进二　将4平5

39. 兵一进一　象3退5

40. 兵一进一　卒1进1

41. 兵一进一　车8进2

42. 车二平三　炮8平9

43. 车三进二　马2退3

44. 炮三进一　马3退4

45. 炮三平五　车8退2

46. 车三平九　车5平3

47. 车九进五　马4退3

48. 车九退二！车8平7

49. 车九平五　将5平4

50. 车四平六　马3进4

51. 车六进一！（图302）

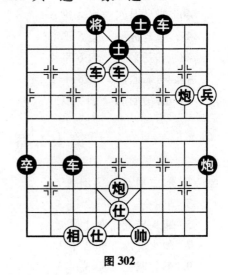

图 302

第152局　赵鑫鑫胜张强

1. 炮二平五　马8进7　　　　2. 马二进三　车9平8

3. 车一平二　马2进3　　　　4. 马八进九　卒7进1

5. 炮八平七　车1平2　　　　6. 车九平八　炮8进4

7. 车八进六　炮2平1

8. 车八平七　车2进2

9. 车七退二　马3进2

10. 车七平八　马2退4

11. 车八平六　马4进2

12. 车六平八　马2退4（图303）

13. 车八平四　象7进5

14. 兵三进一　车2进2

15. 车二进一　炮1平4？

16. 炮七进七！士4进5

17. 炮七退二　卒7进1

18. 炮七平五　将5平4

19. 车四平三　炮8平7

20. 车二退一！车8进9

21. 马三退二　炮7平8

22. 后炮平三　马7进8

23. 车三平二　炮8平7

24. 炮五平二　车2平6

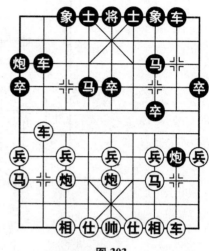

图303

25. 相三进五　马8进6

26. 车二平三！车6平8

27. 车三平四　车8退2

28. 马二进四　炮7退2

29. 兵九进一　车8平6

30. 车四进三　士5进6

31. 马九进八　卒5进1

32. 炮三平一　炮4平5

33. 仕四进五　炮7平9

34. 炮一平二　炮9平8

35. 马八进九　士6进5

36. 马九进七　将4平5

37. 马七退五　马4进2

38. 兵七进一　马2进4

39. 马五退三　马4退6

40. 兵一进一　炮5进1

41. 炮二平一　炮5平6

42. 马四进二　马6进5

43. 马二进四　炮6进2

44. 炮一进四　将5平4

45. 兵七进一　炮6退1

46. 马四进五　炮6平3

47. 马三进五！炮3退3

48. 兵一进一　炮8退3

49. 兵一平二　马5进7

50. 后马退三　马7进8

51. 相五退三！炮8平7

52. 马三退一　炮3进5

53. 炮一平二　炮7进5

54. 炮二退六　炮3平9

55. 炮二进四　炮9进3

56. 相三进五（图304）

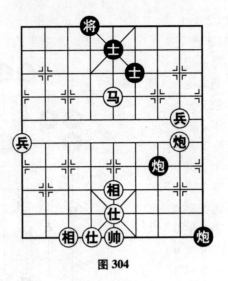

图 304

第四章　其　他

第 153 局　许银川胜张申宏

1. 炮二平五　马 2 进 3
2. 马二进三　马 8 进 7
3. 车一平二　车 9 平 8
4. 马八进九　卒 7 进 1
5. 炮八平七　车 1 平 2
6. 车九平八　炮 8 进 4
7. 车八进四　炮 2 平 1（图 305）
8. 兵九进一　车 2 进 5
9. 马九进八　卒 3 进 1
10. 炮七进三　马 3 进 2
11. 马八进六　象 7 进 5
12. 炮七退一　士 6 进 5
13. 炮五平八！卒 5 进 1
14. 相三进五　车 8 进 3
15. 仕四进五　马 2 退 4
16. 炮七平八　炮 1 平 4
17. 马六进八　炮 4 平 3
18. 车二平四　炮 8 进 1
19. 后炮退一　马 7 进 8？
20. 前炮平二！车 8 平 7

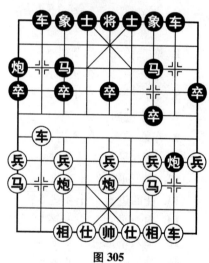

图 305

21. 炮八平九　马 4 退 2
23. 车四平二　炮 8 平 9
25. 炮二平七　车 4 进 5

22. 马八退七　马 2 进 3
24. 马七进五　车 7 平 4
26. 相五退三！（图 306）

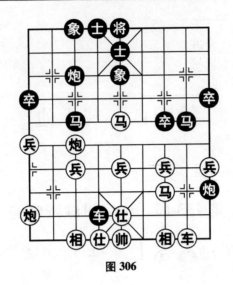

图 306

第154局 卜凤波负陶汉明

1. 炮二平五　马2进3	2. 马二进三　马8进7
3. 车一平二　车9平8	4. 马八进九　卒7进1
5. 炮八平七　车1平2	6. 车九平八　炮8进4
7. 车八进四　炮2平1	8. 兵九进一　卒3进1
9. 车八平六　象3进5	10. 兵三进一　卒7进1（图307）

11. 车六平三　马3进4

12. 车三平六?　车8进4

13. 仕四进五　士4进5

14. 炮七平六　炮1平4

15. 车六平二　车8进1

16. 马三进二　马4进6

17. 车二进二　卒3进1!

18. 车二平四　马6退8

19. 兵五进一　车2进4

20. 车四进一　炮8进3

21. 仕五退四　卒3平2

22. 炮五平三　卒2进1

23. 马九退七　炮4平3!

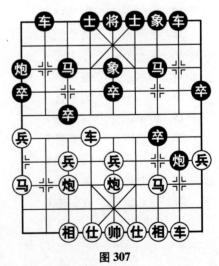

图 307

24. 车四退二	卒 2 平 3	**25.** 炮六平五	车 2 进 4
26. 炮三退一	象 7 进 9	**27.** 兵五进一	卒 3 进 1（图 308）

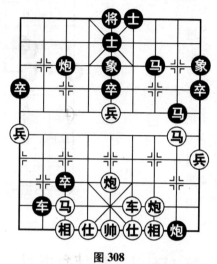

图 308

第 155 局　钱洪发胜李曰纯

1. 炮二平五	马 8 进 7	**2.** 马二进三	车 9 平 8
3. 车一平二	马 2 进 3	**4.** 马八进九	炮 2 平 1
5. 车九平八	卒 7 进 1	**6.** 炮八平七	卒 1 进 1
7. 兵七进一	象 3 进 5		
8. 兵七进一	象 5 进 3（图 309）		

9. 车八进六　炮 1 退 1

10. 马九进七　车 1 平 2

11. 车八进三　马 3 退 2

12. 车二进六　象 7 进 5

13. 车二平三　车 8 平 7

14. 马七进六　炮 8 退 1

15. 兵五进一　炮 1 进 2

16. 兵五进一　炮 8 进 3

17. 马三进五　马 2 进 4

18. 马六进七！炮 1 平 2

19. 兵五平六　士 6 进 5

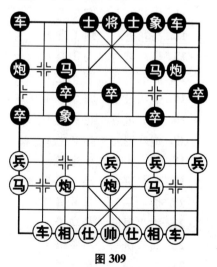

图 309

20. 兵三进一　炮8平4?
21. 马五进六　卒5进1
22. 炮五进五!　将5平6
23. 车三退一　炮2进1
24. 车三平五　象3退5
25. 马六进五　炮2平3
26. 兵三进一　将6平5
27. 兵三进一　马7退8
28. 炮七平三!　车7平6
29. 马五进三　马8进6
30. 马七进五　马4进5
31. 车五进一　（图310）

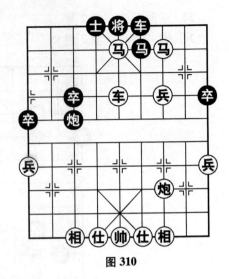

图 310

第156局　李林胜崔岩

1. 炮二平五　马8进7
2. 马二进三　车9平8
3. 车一平二　马2进3
4. 马八进九　卒7进1
5. 炮八平七　车1平2
6. 车九平八　炮8进4
7. 车八进四　炮2平1
8. 兵九进一　象3进5（图311）
9. 炮七进四　士4进5
10. 炮五平七　炮8进2
11. 相三进五　车2进5
12. 马九进八　炮1进3
13. 马八进六　马3退1
14. 后炮平八!　卒5进1
15. 炮八进七　将5平4
16. 炮七进三　将4进1
17. 炮八退一　炮8平1
18. 马六进五!　前炮平3
19. 车二进九　马7退8
20. 炮七平三　马8进7
21. 炮三退四　马7进5
22. 兵三进一　将4进1
23. 马五退三　卒5进1

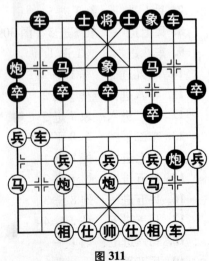

图 311

24. 兵五进一　炮 1 平 7
25. 炮三平六　炮 7 进 1
26. 兵五进一　马 5 进 7
27. 炮六平三　炮 7 退 3
28. 马三进四　炮 7 平 8
29. 兵五进一　马 1 进 2
30. 兵五平六　将 4 平 5
31. 马四进三　将 5 平 6
32. 马三退五（图 312）

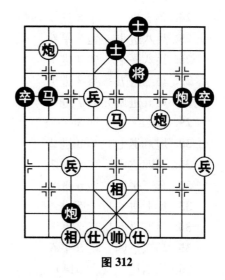

图 312

第 157 局　孙志伟胜汪建平

1. 炮二平五　马 8 进 7
3. 车一平二　马 2 进 3
5. 炮八平七　车 1 平 2
7. 兵七进一　炮 2 进 4
9. 兵七进一! 车 2 进 9
11. 炮七进二　象 3 进 5
13. 炮七平九　马 1 退 3
15. 炮九平八　马 3 进 1
16. 炮八进五　象 5 退 3
17. 兵七平八! 炮 8 退 3
18. 马七进六　马 1 进 2
19. 马六进五　马 2 进 4
20. 仕四进五　炮 8 进 5
21. 兵五进一　马 4 进 3
22. 兵五进一　马 3 进 5
23. 相三进五　马 7 进 5

2. 马二进三　车 9 平 8
4. 马八进九　卒 7 进 1
6. 车九平八　炮 8 进 4（图 313）
8. 兵七进一　炮 2 平 7?
10. 马九退八　马 3 退 1
12. 马八进七　士 6 进 5
14. 兵七进一　卒 1 进 1

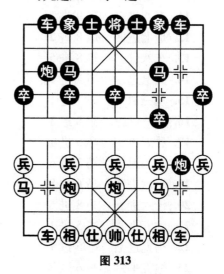

图 313

24. 兵五进一　车8进2
25. 兵八进一　炮7平6
26. 兵八平七　卒7进1
27. 马三进五　卒7进1
28. 马五进四　卒7进1
29. 车二平三　炮8平7?
30. 炮八退七　车8进2
31. 马四进六　车8平7
32. 车三平四　炮6平8
33. 兵七进一!　士5进4
34. 兵五进一!　车7平3
35. 马六进四　将5平6
36. 马四进二（图314）

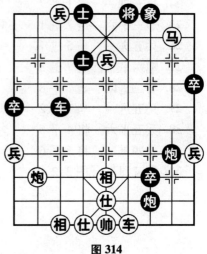

图 314

第158局　陈德元负张录

1. 炮二平五　马2进3	2. 兵七进一　卒7进1
3. 炮八平七　马8进7	4. 马二进三　车9平8
5. 车一平二　炮8进2	6. 马八进九　炮2退1
7. 车二进一　象3进5	8. 车二平六　炮2平6（图315）
9. 车九平八　士4进5	10. 兵五进一　炮6进1

11. 车八进三　卒9进1
12. 炮七进四　炮8进2
13. 车八进二　车8进5
14. 兵七进一　卒7进1!
15. 马三退一　卒7进1
16. 马一进二　车8进1
17. 兵五进一　卒5进1
18. 车八退二　马7进6
19. 车六进四?　马6进8!
20. 仕六进五　马8进6
21. 帅五平六　卒5进1
22. 马九进七　卒5进1
23. 炮五平六　马6退7

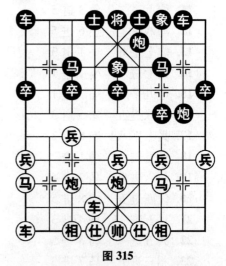

图 315

24. 马七进八　卒 7 平 6

25. 炮六平三　马 3 进 5

26. 车六进一　马 7 进 5!

27. 兵七平六　后马进 4

28. 马八退六　马 5 退 4

29. 兵六进一　车 8 平 7

30. 炮三平六　车 7 进 3

31. 兵六平五　炮 6 进 7

32. 仕五退四　车 7 平 6

33. 帅六进一　车 6 平 3

34. 炮六平七　车 3 平 7

35. 兵五进一　车 1 平 4

36. 帅六平五　象 7 进 5

37. 前炮平五　车 7 退 4

38. 炮七平二　车 4 进 5

39. 车八进六　车 4 退 5

40. 车八退二　卒 5 进 1（图 316）

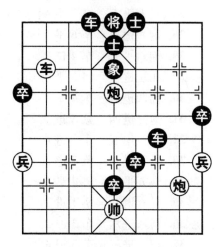

图 316

第 159 局　胡荣华负许银川

1. 炮二平五　马 8 进 7

2. 马二进三　车 9 平 8

3. 车一平二　马 2 进 3

4. 马八进九　卒 7 进 1

5. 炮八平七　车 1 平 2

6. 兵七进一　炮 2 进 4

7. 兵五进一　士 4 进 5

8. 车九平八　炮 8 进 2（图 317）

9. 兵三进一?　卒 7 进 1!

10. 车二进三　炮 2 平 7!

11. 马三进五　车 2 进 9

12. 马九退八　炮 8 平 5!

13. 车二平三　卒 7 进 1

14. 兵五进一　卒 5 进 1

15. 炮五进三　马 3 进 5

16. 马五进三　象 3 进 5

17. 炮七进四　马 7 进 8

18. 炮七平六　马 8 进 6

19. 马三进四　士 5 进 6

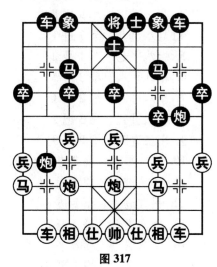

图 317

171

20. 炮五退一	士6进5	21. 马八进七	马6退8
22. 马四退三	马5进7	23. 炮五进一	马8进9
24. 马七进五	卒7平6!	25. 马三退一	车8进3
26. 炮六退五	卒6平5	27. 马一进三	车8平4

28. 炮六平三　车4进2

29. 相三进一　将5平4

30. 仕四进五　车4平3

31. 炮三进四　象5进7

32. 马三退五　车3进4

33. 马五进六　象7进5

34. 炮五平四　将4平5

35. 马六退八　卒1进1

36. 马八进六　车3退2

37. 相一进三　车3退4

38. 相三退五　车3平4

39. 马六退八　车4进2

40. 马八进七　车4进1（图318）

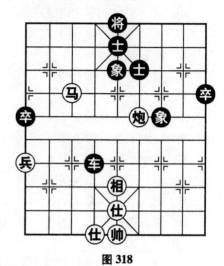

图318

第160局　李来群负胡荣华

1. 炮二平五	马2进3	2. 马二进三	马8进7

3. 车一平二　车9平8

4. 马八进九　卒7进1

5. 炮八平七　车1平2

6. 车九平八　象3进5

7. 车八进四　炮2平1

8. 车八进五　马3退2

9. 车二进四　炮8平9

10. 车二平八　马2进3（图319）

11. 车八进三　象5退3!

12. 兵九进一　车8进8

13. 仕六进五　马3退5

14. 车八退一　车8平7

15. 炮五平六　炮1平6!

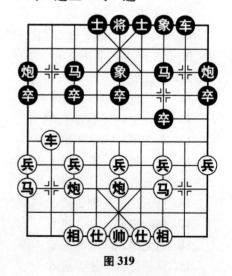

图319

16. 相七进五　炮 6 进 6!

17. 马九进八　车 7 进 1!

18. 马八进六　车 7 退 1

19. 车八退二　马 7 进 6

20. 马六进八　马 5 进 4

21. 炮七进四　卒 7 进 1

22. 炮七平九　象 7 进 5

23. 炮九平六　炮 9 平 8

24. 马八进七　将 5 进 1

25. 仕五进四　炮 8 退 1

26. 前炮进二?　炮 8 平 4

27. 相五进三　炮 6 平 3

28. 车八平四　车 7 平 4

29. 仕四进五　炮 3 进 1

30. 帅五平四　马 6 进 8!

31. 车四进五?　炮 3 退 8

32. 车四平二　马 8 进 7

33. 炮六平三　车 4 平 3

34. 相三退五　车 3 退 2

35. 车二平六　炮 3 平 2

36. 车六平二　炮 2 进 8

37. 仕五进六　车 3 进 3

38. 帅四进一　车 3 平 7

39. 炮三平一　车 7 退 1

40. 帅四退一　炮 4 平 3

41. 相五进七　炮 3 平 2（图 320）

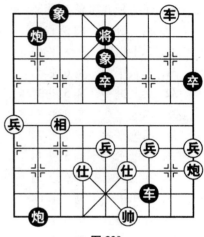

图 320

第 161 局　柳大华负李来群

1. 炮二平五　马 8 进 7

2. 马二进三　车 9 平 8

3. 车一平二　马 2 进 3

4. 马八进九　卒 7 进 1

5. 炮八平七　车 1 平 2

6. 车九平八　象 3 进 5

7. 兵七进一　炮 2 进 4

8. 兵七进一　象 5 进 3

9. 马九进七　炮 8 进 4

10. 马七进六　马 3 退 1（图 321）

11. 车八进一　象 3 退 5

12. 车二进一　车 2 进 4

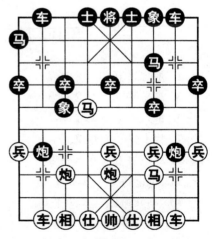

图 321

13. 车二平六　士6进5　　14. 马六进七　马1进3
15. 炮七进五　象5退3　　16. 炮五平七　马7进6
17. 车六进二　炮2退1　　18. 相七进五　象7进5
19. 车六进五　马6进5　　20. 仕六进五　炮2进2!
21. 后炮退二?　马5进7　　22. 前炮平八　象3进1
23. 炮八退五　车2进2　　24. 车六退二　炮8进2
25. 仕五进四　车8进3　　26. 车六平七　炮8进1
27. 车七平九　象1退3　　28. 车九平七　将5平6
29. 兵一进一　炮8平9
30. 车七退四　车8平6!
31. 车八平六　将6平5
32. 兵九进一　卒5进1
33. 炮七平八　车2平7
34. 后炮平七　车7平2
35. 车七平六　卒5进1
36. 相五进七　车6进3!
37. 后车平三　马7退6
38. 仕四退五　车6平7
39. 炮八平七　象3进1
40. 前炮退一　车7进2
41. 前炮平三　车2平3
42. 相七退九　车3平9（图322）

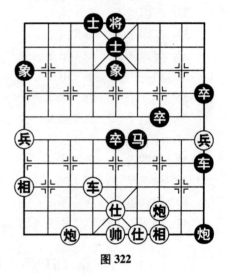

图322

第162局　于幼华负阎文清

1. 炮二平五　马8进7　　2. 马二进三　车9平8
3. 车一平二　马2进3　　4. 马八进九　卒7进1
5. 炮八平七　车1平2　　6. 车九平八　炮8进4
7. 兵七进一　炮2进4　　8. 兵七进一?　炮8平5!（图323）
9. 马三进五　车8进9　　10. 兵七进一　士4进5
11. 炮七进五　车8平7　　12. 马五进六　车7退3
13. 马六进四　车7平6　　14. 马四进三　将5平4
15. 炮五平六　车6退5　　16. 马九进七　车6平7
17. 马七进六　将4平5　　18. 马六进八　车2进3!

19. 兵七平八　炮 2 平 7

20. 炮六平三　车 7 平 6

21. 车八进三　马 7 进 8

22. 仕四进五　车 6 进 3

23. 炮七平八　象 7 进 5

24. 兵八平七　炮 7 退 1

25. 车八进一　马 8 进 9

26. 炮三平五　马 9 进 8

27. 炮八进二　士 5 退 4

28. 车八平六　士 6 进 5

29. 炮五进五　将 5 平 6

30. 相七进五　车 6 进 2

31. 炮五平八　马 8 退 7

32. 仕五进四　卒 5 进 1

33. 仕六进五　炮 7 平 5

34. 帅五平六　车 6 平 3

35. 车六进二　马 7 进 5

36. 车六退四　马 5 退 6

37. 车六进四　马 6 进 5

38. 后炮平七　车 3 平 2

39. 炮八退三　炮 5 平 7

40. 车六平二　车 2 进 3

41. 帅六进一　炮 7 进 3

42. 仕五退四　车 2 退 1

43. 帅六进一　马 5 进 6！（图 324）

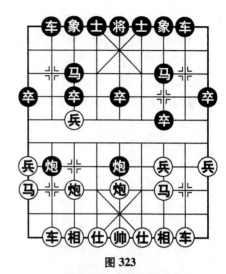

图 323

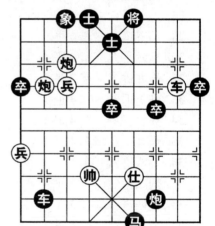

图 324

第 163 局　蒋川负许银川

1. 炮二平五　马 8 进 7

2. 马二进三　车 9 平 8

3. 车一平二　马 2 进 3

4. 马八进九　卒 7 进 1

5. 炮八平七　车 1 平 2

6. 兵七进一　炮 2 进 4

7. 车九平八　炮 8 进 4

8. 兵七进一？炮 8 平 5！

9. 马三进五　车 8 进 9

10. 兵七平八　车 2 进 4（图 325）

11. 马五退三　炮 2 平 5！

12. 马三进五　车 2 进 5

13. 马九退八　士 6 进 5

14. 炮七进五　车 8 平 7

15. 马八进七　车 7 退 3

16. 炮七平八　车 7 平 6

17. 炮八退四　车 6 退 4

18. 炮八退二　将 5 平 6

19. 仕四进五　卒 3 进 1

20. 炮八平七　象 7 进 5

21. 炮五进四　车 6 进 1

22. 炮五退二　马 7 进 5

23. 炮五平二　马 5 进 6

24. 炮二退三　马 6 进 4

25. 相七进五　车 6 进 3

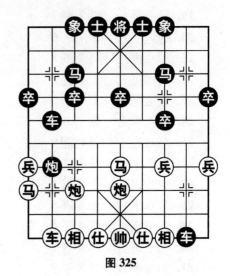

图 325

26. 炮七平六　马 4 退 2!

27. 炮二进一　马 2 进 3

28. 马五退七　车 6 平 9

29. 炮二平四　将 6 平 5

30. 炮六平九　车 9 平 4

31. 兵九进一　卒 3 进 1

32. 炮九进五　卒 3 进 1

33. 马七退八　车 4 退 1

34. 兵九进一　车 4 退

35. 炮九平二　车 4 平 1

36. 马八进六　车 1 平 3

37. 炮二退三　卒 3 平 4

38. 炮四进一　车 3 平 6

39. 炮四平三　车 6 进 1

40. 炮二平一　将 5 平 6

41. 炮三退三　车 6 平 5

42. 炮三进三　卒 4 进 1!

43. 仕五进六　车 5 进 2

44. 仕六退五　车 5 平 9（图 326）

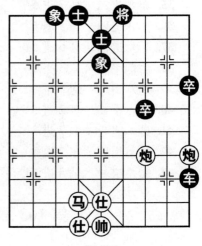

图 326

第 164 局　廖二平胜张致忠

1. 炮二平五　马 8 进 7

2. 马二进三　车 9 平 8

3. 车一平二　马 2 进 3

4. 马八进九　卒 7 进 1

5. 炮八平七 车 1 平 2

6. 车九平八 炮 8 进 1

7. 兵七进一 象 3 进 5

8. 兵七进一 象 5 进 3（图 327）

9. 车八进四 炮 2 平 1

10. 兵九进一 车 2 进 5

11. 马九进八 炮 8 进 3

12. 马八进六 马 3 退 5

13. 车二进一 炮 8 退 2

14. 马六退四 象 3 退 5

15. 车二平六 炮 1 平 3

16. 炮七平八！炮 3 平 2?

17. 马四进二 车 8 进 3

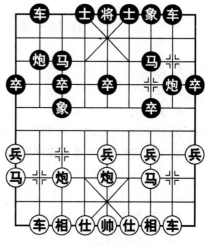

图 327

18. 炮八平九 马 5 退 3

19. 炮五平七 马 7 进 8

20. 车六进七！象 5 进 3

21. 炮九进四 士 6 进 5

22. 车六平七 象 7 进 5

23. 炮七进四 车 8 退 2

24. 炮九进三 车 8 平 6

25. 炮七进三 象 5 退 3

26. 车七进一 象 3 退 5

27. 车七退二 炮 2 退 2

28. 车七平五 车 6 进 1

29. 车五平四 士 5 进 6

30. 兵九进一 马 8 进 7

31. 兵九平八 将 5 进 1

32. 炮九退四！炮 2 进 1

33. 相七进五 将 5 退 1

34. 兵八平七 炮 2 平 7

35. 兵七平六 卒 9 进 1

36. 仕六进五 炮 7 平 9

37. 炮九平三 马 7 退 6

38. 炮三退一 炮 9 平 5

39. 炮三平七 炮 5 进 1

40. 炮七进一！马 6 进 5

41. 马三进五 炮 5 进 4

42. 炮七平一 士 4 进 5

43. 炮一平三 炮 5 平 1

44. 炮三退四 士 5 进 4

45. 仕五进四 炮 1 平 5

46. 炮三平五（图 328）

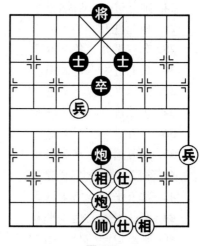

图 328

第 165 局　孙志伟负梁文斌

1. 炮二平五　马8进7
2. 马二进三　车9平8
3. 车一平二　马2进3
4. 马八进九　卒7进1
5. 炮八平七　车1平2
6. 车九平八　象3进5
7. 车八进四　炮8进6
8. 兵三进一　炮2平1（图329）
9. 车八进五　马3退2
10. 兵三进一　象5进7
11. 兵九进一　马2进4
12. 马九进八　象7进5
13. 炮七平六　士4进5
14. 马三进四　卒3进1
15. 马八进六　马4进3
16. 马六进四　炮1退1
17. 后马进二　炮8平7
18. 炮五平二　车8平9
19. 炮二平三　车9平8

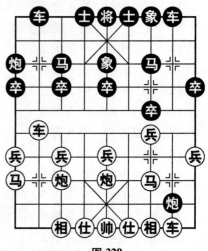

图 329

20. 马二进一?　象7退9!
21. 马四进三　炮1平7
22. 车二进九　后炮进6
23. 车二退五　后炮进2
24. 帅五进一　后炮退4
25. 车二平三　前炮平9
26. 相七进五　卒1进1
27. 兵九进一　马3进1
28. 车三平九　象9退7
29. 兵七进一　炮9平8
30. 兵七进一　炮8退5!
31. 炮六进三　象5进3
32. 炮六平二　马7进8
33. 车九平二　马8退7
34. 车二进二　马7进6
35. 车二平五　马1进2
36. 兵五进一　马6进4
37. 车五平六　马4进3
38. 帅五退一　马3退4
39. 帅五进一　炮7退2
40. 相五进三　卒9进1
41. 车六退一　炮7平1
42. 帅五平四　炮1进3
43. 车六平一　炮1平5
44. 车一平六　炮5平6
45. 帅四平五　马4进3
46. 帅五退一　马3退5!（图330）

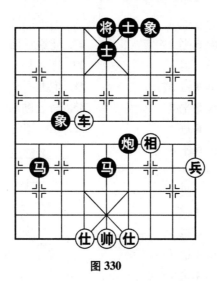

图 330

第166局 程进超胜刘煜

1. 炮二平五　马8进7
2. 马二进三　车9平8
3. 车一平二　马2进3
4. 马八进九　卒7进1
5. 炮八平七　车1平2
6. 车九平八　炮8进4
7. 兵七进一　炮2进4
8. 兵七进一　炮8平5（图331）
9. 仕六进五　车8进9
10. 马三退二　炮2平7
11. 兵七平八! 马3退5
12. 相三进一　马7进6
13. 马二进四　马5进7
14. 车八进四　象3进5
15. 车八平四! 卒7进1
16. 车四平三　炮7平1
17. 车三平九　炮1平9
18. 车九平一　炮9平8
19. 车一平四　炮5平4
20. 车四退一　炮4进2
21. 车四平二　炮4平6
22. 马九进七　士4进5
23. 炮五平三　车2平4

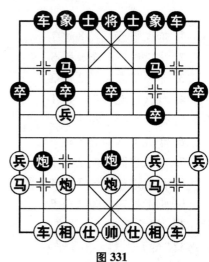

图 331

24. 炮三退一！　炮6退3　　　25. 炮七平三　　象7进9

26. 相七进五　　炮6平2　　　27. 前炮进四　　卒5进1

28. 后炮进六　　马6退7　　　29. 炮三平九　　炮2平5

30. 炮九退一　　车4进5?　　　31. 炮九平五　　车4平2

32. 车二平五　　炮5平8　　　33. 马七进六　　车2平4

34. 马六进五　　炮8进4　　　35. 相一退三　　车4退3

36. 马五退三　　将5平4

37. 车五平二　　炮8平9

38. 相五进三　　象9进7

39. 炮五退三　　车4进1

40. 马三退五　　车4进1

41. 马五进三　　车4退1

42. 马三退五　　车4进1

43. 马五进三　　车4退1

44. 马三退五　　车4进1

45. 马五进三　　马7进5

46. 车二平九　　马5进6

47. 炮五平六！　车4平2

48. 马三进四（图332）

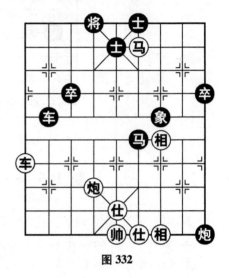

图 332

第 167 局　刘殿中胜蒋川

1. 炮二平五　　马8进7

2. 马二进三　　车9平8

3. 车一平二　　马2进3

4. 马八进九　　卒7进1

5. 炮八平七　　车1平2

6. 车九平八　　炮8进4

7. 车八进四　　炮2平1

8. 兵九进一　　卒3进1（图333）

9. 炮七进三　　象3进5

10. 炮七进一　　士4进5

11. 炮五平七　　车2平4

12. 兵三进一　　卒7进1

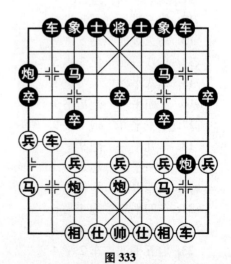

图 333

13. 车八平三	马7进6	14. 车三平八	马6进4
15. 车二进一	马4进3	16. 炮七退四	马3进4
17. 车八平六	炮1平3	18. 炮七进五	马4退3
19. 车六进五	士5退4	20. 马三进四	炮8进1
21. 马九进八	车8进5	22. 马八进六	马3进4
23. 马四进六	车8平4	24. 马六进四	炮8平6
25. 马四进三	炮6退6	26. 车二平四	将5进1
27. 车四进五	卒5进1?	28. 相七进五	车4平1
29. 兵七进一	车1进1	30. 马三进一!	炮6平9
31. 车四平一	炮9平6	32. 车一平四	炮6平9
33. 车四进三!	车1平5	34. 马一退三	车5平9
35. 马三退四	将5平4	36. 车四退一	士4进5
37. 车四平五	将4退1	38. 马四退六	炮9进1
39. 车五平四!	将4平5		
40. 马六进五	车9平7		
41. 兵七进一	车7退4		
42. 马五进七	将5平4		
43. 兵七进一	卒5进1		
44. 马七退六	车7平5		
45. 车四平三	卒5进1		
46. 车三进一	将4进1		
47. 车三退一	将4退1		
48. 马六进七	车5平4		
49. 兵七平六!	车4平6		
50. 车三平五	卒5平6		
51. 仕六进五	卒1进1		
52. 马七退五（图334）			

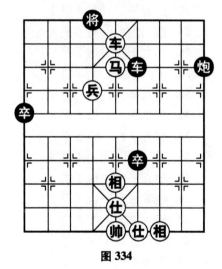

图 334

第 168 局　黎德志胜蔡佑广

1. 炮二平五	马8进7	2. 马二进三	车9平8
3. 车一平二	马2进3	4. 马八进九	卒7进1
5. 炮八平七	车1平2	6. 车九平八	炮8进4
7. 车八进四	炮2平1	8. 兵九进一	车2进5

9. 马九进八　卒 3 进 1

10. 炮七进三　马 3 进 2（图 335）

11. 马八进六　象 7 进 5

12. 炮七退一　士 6 进 5

13. 炮五平七　马 7 进 6

14. 车二进一　车 8 进 2

15. 后炮退一　炮 1 平 2

16. 前炮进四　马 6 退 4

17. 前炮退二　卒 5 进 1

18. 兵七进一　马 2 进 4

19. 车二平六　车 8 进 3

20. 后炮进二！前马退 6

21. 兵三进一　车 8 平 7

22. 后炮平二　车 7 进 2

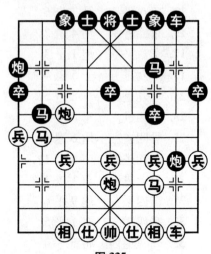

图 335

23. 车六平二　卒 7 进 1

24. 炮二进六　马 6 进 8

25. 相七进五　卒 9 进 1

26. 车二平八　炮 2 平 1

27. 炮七平八　卒 7 平 6

28. 车八平二　马 8 进 6

29. 车二进五　马 4 退 6

30. 炮八平三！前马进 7

31. 帅五进一　士 5 进 4

32. 车二平一　车 7 平 8

33. 炮三平五　将 5 平 6

34. 炮五平四　将 6 平 5

35. 炮四平五　将 5 平 6

36. 车一平四　士 4 进 5

37. 炮二平一　车 8 进 1

38. 帅五平六　炮 1 退 1

39. 炮五平六　炮 1 平 2

40. 仕六进五　卒 5 进 1

41. 马六进八　车 8 退 4

42. 车四平三　马 7 退 8

43. 仕五进六　车 8 平 6?

44. 炮六平四　马 6 退 8

45. 车三进三　将 6 进 1

46. 炮一退一　后马进 9

47. 炮四平九　马 9 进 7

48. 马八进六！炮 2 平 1

49. 车三退一　将 6 退 1

50. 车三平五　炮 1 进 1

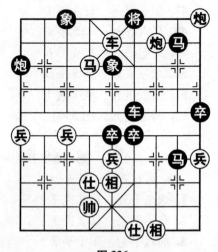

图 336

51. 炮九平三　马7退9　　　52. 炮三进二　马9退8

53. 炮一进一（图336）

第169局　谢靖胜黄丹青

1. 炮二平五　马8进7　　　2. 马二进三　车9平8

3. 车一平二　马2进3　　　4. 马八进九　卒7进1

5. 炮八平七　车1平2　　　6. 兵七进一　炮2进4

7. 车二进四　炮2平7

8. 相三进一　车2进4（图337）

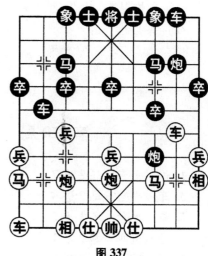

图337

9. 车九平八　车2进5

10. 马九退八　象3进5

11. 兵九进一　炮8平9

12. 车二平四　卒7进1

13. 车四平三　马7进6

14. 马八进九　车8进5

15. 马九进八　车8平7

16. 相一进三　马6进8

17. 马三退一　马8退7

18. 马八进七　炮9进4

19. 马一进三　炮9进3

20. 帅五进一　马7进6　　　21. 马七进九！炮9退4

22. 马九退七　将5进1　　　23. 炮七进五　马6进7

24. 炮五平四　炮9平3？　　25. 炮七平八　炮3平4

26. 炮八退五　马7退9　　　27. 炮八进六　炮4退4

28. 炮八平六　将5平4　　　29. 马七退六！马9进7

30. 帅五退一　士4进5　　　31. 炮四平六　士5进4

32. 马六退五　将4平5　　　33. 马五退三　马7退5

34. 炮六平九　马5退3　　　35. 炮九进四　马3进4

36. 帅五进一　马4退6　　　37. 帅五退一　马6退7

38. 相三退五　将5退1　　　39. 兵九进一　卒9进1

40. 马三进四　卒9进1　　　41. 相五进三　卒5进1

42. 相七进五　卒5进1　　　43. 兵九平八　卒9平8

44. 炮九平二　士4退5　　　45. 仕六进五　卒5平6

46. 帅五平六　士5进4
47. 兵八进一　卒8进1
48. 炮二进三　象5退3
49. 马四进三　卒8平7
50. 马三进四　卒7平6
51. 兵八平七　后卒平7
52. 马四退三　象7进5
53. 兵七平六（图338）

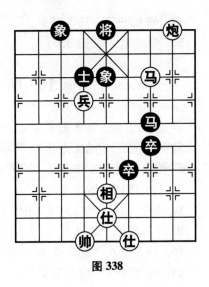

图 338

第170局　刘殿中负杨德琪

1. 炮二平五　马8进7
2. 马二进三　车9平8
3. 车一平二　马2进3
4. 马八进九　卒7进1
5. 炮八平七　车1平2
6. 车九平八　炮8进4
7. 车八进四　炮2平1
8. 兵九进一　车2进5
9. 马九进八　卒3进1
10. 炮七进三　马3进2
11. 马八进六　象7进5
12. 炮七退一　士6进5
13. 炮五平七　马7进6
14. 车二进一　马2进4（图339）
15. 后炮平八　炮1平2
16. 兵五进一　车8进2
17. 炮八进二　卒7进1
18. 车二平四　车8平6
19. 兵三进一　炮8平4!
20. 马六进七　马4退3
21. 炮八进二　炮4退3
22. 兵五进一　炮4平2
23. 兵五平四　卒5进1

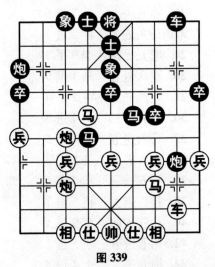

图 339

24. 车四进三　前炮进2　　　25. 兵四进一　前炮平6
26. 兵四进一　炮6平1　　　 27. 兵四平五　象3进5
28. 炮七平四　炮1平5　　　 29. 马三进二　炮5进1
30. 马二进三　卒5进1　　　 31. 炮四进二　马3进5
32. 炮四退一　马5退3　　　 33. 炮四平二　炮5平7
34. 马三进二　炮7平5　　　 35. 炮二进一　马3进4
36. 马七退六　炮2退1　　　 37. 马二退三　象5进3
38. 炮二退二　卒5平6!　　 39. 马三退四　炮5退2
40. 马四退六　炮2进2　　　 41. 后马进四　马4进5
42. 马六退五　马5进3　　　 43. 马五退六　炮5进1!
44. 炮二进二　炮2进2　　　 45. 炮二平五　士5进6
46. 马四进三　炮2进3　　　 47. 帅五进一　将5进1
48. 炮五平六　炮5退2
49. 炮六退四　象3退5
50. 炮六平七　卒1进1
51. 马三退四　炮5进2
52. 马四进五　卒1进1
53. 马五进七　将5退1
54. 马七退六　将5进1
55. 兵七进一　卒1进1
56. 炮七平一　卒1平2
57. 前马进七　将5退1
58. 炮一进四　炮5平4!
59. 炮一平六　炮2平4
60. 炮六平九　马3退4（图340）

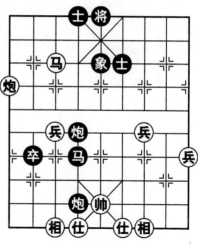

图 340

图书在版编目（CIP）数据

五七炮直车对屏风马 7 卒/黄少龙，段雅丽，杜彬编 . —北京：经济管理出版社，2015.5

ISBN 978-7-5096-3642-8

I.①五…　Ⅱ.①黄…　②段…　③杜…　Ⅲ.①中国象棋-布局（棋类运动）　Ⅳ.①G891.2

中国版本图书馆 CIP 数据核字（2015）第 039438 号

组稿编辑：郝光明　王　琼
责任编辑：郝光明　史岩龙
责任印制：黄章平
责任校对：超　凡

出版发行：经济管理出版社
　　　　　（北京市海淀区北蜂窝 8 号中雅大厦 A 座 11 层　100038）
网　　址：www.E-mp.com.cn
电　　话：（010）51915602
印　　刷：三河市聚河金源印刷有限公司
经　　销：新华书店
开　　本：720mm×1000mm/16
印　　张：12.5
字　　数：228 千字
版　　次：2015 年 5 月第 1 版　2015 年 5 月第 1 次印刷
印　　数：1-5000 册
书　　号：ISBN 978-7-5096-3642-8
定　　价：35.00 元